GUIARAMA COMPACT

Ávila

por **Pascual Izquierdo**

ANAYA
TOURING

Autor: **Pascual Izquierdo.**
Responsable de proyecto: **Esther García González**
Edición: **Isabel Jiménez.**
Equipo técnico: **David Lozano**
Cartografía: **ANAYA Touring.**
Diseño de colección: *marivíes*

Fotografías: **Archivo Anaya:** Cosano, P.: 10, 64 a; **Liarte Sales, A.:** 102 a y b; **Steel, M.:** 19, 40 b, 41, 83, 89, 92 a y b, 93, 105, 115, 120. **Dreamstime:** Alcaproac: 95; Calamardebien: 76-77; Caparros Cruz, Felipe: 12; Cirkel, Wessel: 36; DuncanSharrocks: 69; Filimonov, Iakov: 42-43; Garcia Saz, Alfredo: 39; Hernandez Balbuena, Rafael: 21 b; Jjfarq: 50-51, 52-53; **L K:** 2; Quintanilla: 20; Sedmak, Jozef: 46; Totumrevolutumplus: 82. **Istockphoto:** ahau1969: 22; Alejandro MF: 113 b; arssecreta: cabecera Visita; bluejayphoto: 118-119; carlosvelayos: 138 b; **Carrera, Alberto:** 91; DoloresGiraldez: 122 b; Flores, Miguel Angel: cabecera Dónde; graemenicholson: 6-7, 49; Inspired by Travel: 128-129; MissVacation: 59; Ortega Marinas, Raul: 122 a; Ramiro Laguna, Jose: 78-79; RubenPH: 73; sanse293: 138 a; trabantos: 24-25; Valero Lopez, Fernando: 72. **Izquierdo, Pascual:** 13, 21 a, 26, 28, 29, 32 a y b, 34, 38 c, 57 a, 60, 61, 63, 66 a y b, 67, 68, 71, 85, 87 a, 96, 97, 99, 100, 101, 106, 110, 113 a, 116, 121, 131 a, b y c. **Shutterstock:** AdrianNunez: 87 b; agsaz: 38 b, 40 a; Analisisgadgets: 55; **Angel L:** 70; apgestoso: 8-9; Astor Rocha, Jose Angel: 44-45; campos, sandra: 23; danileon: 64 b; EfectoDron: 127; Garcia Hinojosa, Juan: cabecera 10 indispensables; Giraldez Alonso, Dolores: 75; **Greens and Blues:** cabecera Excursiones, 98; Huebl, Nido: 57 b; Ihervas: 124; Lian, Cynthia: 11; Maekfoto: 103; Marques: 74; Munoz Cuevas, Damian: 18; nito: 130 a; Plotnikov, Igor: 14-15; Ramiro Laguna, Jose: 111, 112, 125, 126; Raths, Alexander: 130 b; Ruben PH: 38 a; RudiErnst: 108-109; siete_vidas: 114; tolobalaguer.com: 90, 123; Trejo, Anibal: 16-17.

6ª edición: febrero 2024

© Grupo Anaya, S. A. 2024
   Valentín Beato, 21.
   28037 Madrid

Depósito legal: M-35333-2023
ISBN: 978-84-9158-735-4
Impreso en España-Printed in Spain

La información contenida en esta guía ha sido comprobada antes de su publicación. Pero dado el carácter variable de algunos datos, como horarios de visita o precios, los editores declinan toda responsabilidad por las molestias que pudieran ocasionar a los usuarios de la guía y agradecen de antemano las sugerencias y aportaciones que ayuden a mejorarla.
En **guiasdeviajeanaya.es**, la página web de Anaya Touring, se puede consultar nuestro catálogo de publicaciones.

Contenido

Cómo usar esta guía

Antes del viaje

Se sugiere la lectura de la sección **Diez indispensables** (de la página 7 a la 23), una serie de artículos que proporcionan las referencias necesarias para conocer mejor la ciudad y la provincia de Ávila, escritos por Pascual Izquierdo. Para quienes opinan que la **gastronomía** es uno de los atractivos del viaje, la sección del mismo nombre (página 130) ofrece una visión bastante completa de aquellas especialidades abulenses que pueden despertar la curiosidad del viajero.

Durante el viaje

En el apartado titulado **Visita a Ávila** (de la página 25 a la 77) se describe la ciudad a través de tres itinerarios, que proporcionan una información detallada de los lugares de mayor interés.
El **plano** que aparece en las páginas 30-31 será de gran utilidad para realizar los desplazamientos por la ciudad.

Bajo el epígrafe **Excursiones por la provincia de Ávila** (de la página 79 a la 127) se ofrecen varias excursiones de un día, que son otras tantas alternativas para visitar aquellas zonas que tienen un singular valor histórico, paisajístico o monumental. Mapa de la provincia en las páginas 80-81.

La hora de comer (y cenar)

Dentro del capítulo titulado **Dónde** se incluye una amplia selección de **restaurantes** por localidades, calidades y precios. En esta misma sección se facilita también información sobre un buen número de **actividades** con las que ocupar el tiempo libre, como por ejemplo las fiestas de las principales localidades

Use los índices

Al final de la guía encontrará un **índice de lugares** de interés que permite localizar con facilidad las páginas en las que hay alguna información de utilidad.

Planificación del viaje

En función del tiempo del que se disponga, puede conseguirse el máximo provecho a la estancia en Ávila y su provincia siguiendo las sugerencias siguientes:

Una semana

Visite la ciudad siguiendo los itinerarios urbanos que se proponen en esta guía y elija, entre las cuatro excursiones propuestas, las que le resulten más atractivas. Para comer, siga los consejos de las secciones **Gastronomía** y **Restaurantes** y, para cualquier otra actividad en la que ocupar sus momentos libres, consulte el apartado **Dónde**.

Fin de semana

Si su estancia en la ciudad se limita a un fin de semana, visite los monumentos descritos en los **itinerarios** y seleccione una **excursión,** entre las que se proponen, a cualquier punto de la provincia.

Clasificación por estrellas

La mayoría de los lugares descritos en el libro se han clasificado por su grado de interés como sigue:

**   Visita obligada
*   Interesante

SÍMBOLOS UTILIZADOS

A lo largo de la guía se han utilizado símbolos sencillos y claros para indicar las siguientes categorías:

🛈	información turística
⊙	referencia a los planos
✉	dirección o localización
☎	número de teléfono
🖥	página web
⊙	horario
🖅	precio
🛈	información de interés

SIGNOS CONVENCIONALES EN EL PLANO

▨ Edificios de interés turístico	▨ Vías rápidas
▨ Parques y jardines	▨ Calles peatonales
🛈 Información turística	🅿 Aparcamientos

10
Indispensables

La muralla

1

Estamos ante el símbolo de la ciudad de Ávila, su famosa muralla, sin duda la más íntegra, antigua y mejor conservada de España y quien mejor contribuye a definir la imagen de recinto monástico y guerrero.

Su construcción se inicia en el mes de mayo de 1090 con la presencia del obispo de Oviedo, don Pelayo, bendiciendo sus cimientos y bajo el impulso del conde Raimundo de Borgoña, yerno de Alfonso VI. Entre 1090 y 1099 una tropa de casi 2.000 albañiles, dirigida por Casandro Colonio, maestro de geometría, y Florín de Pituenga, maestro francés, lleva a cabo la ejecución de las obras, que comenzaron por la parte oriental, por ser tierra más llana y más necesitada de defensa.

Para entender el significado y la importancia de la muralla, y para gozar de su belleza, es recomendable recorrer la totalidad de su perímetro. Son 2,5 km de longitud. El paseante se encontrará en su itinerario con 9 puertas y 3 portillos, 87 torres, unas 2.500 almenas, una galería clasicista, algunos edificios adosados sobre el muro del este, un ábside catedralicio y una espadaña.

Comenzaremos nuestro recorrido por la puerta del Alcázar, la más ancha de todas, formada por dos torres semicirculares que se abrazan mediante un arco redondo. Es sólida y aguerrida, y mira con su único ojo cómo fluye la vida bajo los soportales de la plaza de Santa Teresa. Al otro extremo de este lienzo se abre la puerta de San Vicente. Es gemela de la del Alcázar, aunque algo más estrecha. Por ella entra en Ávila por vez primera la mayor parte de viajeros.

▼ Ávila amurallada.

A medio camino entre ambas puertas, la muralla se espiritualiza sin perder su aire defensivo, se arquea de manera gentil y en el siglo XIV se hace ábside de catedral. Es el popularmente llamado *cimorro*, que posee doble adarve de almenas y una línea de pináculos salteados. Muy cerca se halla la puerta de los Leales o del Peso de la Harina. Es del siglo XVI y registra mucho caudal humano bajo el arco.

En el lienzo norte se abre el portillo del Mariscal, el más antiguo e íntegro de todos aunque parezca apuntado su arco. Algo más abajo está la puerta del Carmen, reconstruida en el siglo XIV por los canteros que estaban terminando la catedral. Introduce la clara confusión de la espadaña, que es un símbolo, al igual que el *cimorro*, de la preeminencia en el Medievo del poder eclesiástico sobre el civil.

La parte occidental de la muralla es quizás la menos visitada, pero tiene una puerta monumental, la del Puente o de San Segundo, que está allí para vigilar el crepúsculo y el río. La parte sur se humilla en este tramo, se civiliza en fecha muy temprana y deja que se tienda a sus pies un abrigado paseo provinciano, que es pura delicia en los días soleados de invierno.

Las puertas de este lienzo son las de Santa Teresa, con torres cuadradas y poderoso matacán, y la del Rastro, que lleva torres de la misma geometría y un arco escarzano sobre el que se asienta una galería clasicista y bajo el que se cobija el arco de la entrada. También hay un portillo, situado al final del paseo del Rastro y llamado de la Malaventura, que consta de arquillo y matacán, y que no debió de dársela muy buena a la judería que se asentaba en esta parte de la ciudad ni tampoco a los rehenes exigidos por Alfonso I el Batallador: perdieron la cabeza tras salir del recinto amurallado.

Info

Muralla de Ávila
Accesos al Adarve

✉ Casa de las Carnicerías, calle San Segundo, 17; Puerta del Alcázar, pza. Adolfo Suárez, s/n; Puerta del Puente Adaja, calle Conde don Ramón, 55.

☎ 920 354 000.

🖥 www.muralladeavila.com

🕐 Invierno (1 noviembre-29 marzo): de 10 h a 18 h. Verano (30 marzo-28 octubre): de 10 h a 20 h.

🎫 Entrada general: 5 €. Martes: entrada gratuita de 14 h a 16 h.

♿ Muralla accesible, habilitada con rampas y ascensor, en la puerta del Puente Adaja.

Ávila de los caballeros

2

La historia medieval de Ávila está ligada a sus caballeros, tanto a los primeros repobladores que llegaron de la mano de Raimundo de Borgoña como a las últimas familias nobiliarias que, a partir del siglo XVI, se enraizaron definitivamente en la ciudad.

Los primeros, conocidos con el nombre de serranos en oposición a otros de menor rango llamados ruanos (o de rúa), erigen sus casas fuertes y palacios a medida que avanza la historia y se consolidan los linajes. Se sitúan junto a la muralla, o incluso adosados a ella, para sumar a las almenas del bastión las de su propia casa, pues es sabido que la nobleza tenía contraídos deberes de defensa y gozaba de privilegios de adarve.

La caballería abulense participó en diversos hechos de armas durante la Reconquista: sufrió la derrota en Alarcos y cosechó la gloria en la toma de Cuenca, en la batalla de las Navas de Tolosa y en otras conquistas de tierras entonces musulmanas. También participó en las turbulencias nobiliarias y en las luchas de banderías que se disputaban el poder de la ciudad y del Reino de Castilla. No demasiado seguras debían ser las calles en aquellos tiempos de zozobra, pues las mansiones, además de los torreones que exhiben y de los poderosos matacanes, habían organizado la entrada de tal manera que la puerta exterior y la interior no estuvieran situadas en el mismo eje.

El siglo XVI, con la consolidación del poder real y la unificación política llevada a cabo por los Reyes Católicos, conoce el máximo esplendor en la construcción de nuevos palacios o en la reforma de los existentes, acomodándolos a los cánones de un arte plateresco en el que, a causa de la dureza del granito, no abundan las primores. Es el tiempo de los Dávila, Verdugo, Velasco, Velada, Navas, Guzmanes, Polentino, y otros. Es cuando la ciudad se llena de apellidos y cuando en las fachadas de piedra florecen los blasones.

▼ Heraldos presentando el escudo de la familia de los Dávila.

Tierra de cantos y de santos

Según narran las crónicas, fue la reina doña Juana, madre de Carlos I, quien pronunció la conocida frase: «Ávila, tierra de cantos y de santos». Hizo fortuna y desde entonces raro es el munícipe o cronista que no la repite por doquier.

3

Lo de los cantos era –y es– evidente, no solo por la presencia del labrado cinturón románico que forman las murallas, sino porque basta mirar hacia cualquiera de los puntos cardinales para encontrar muchos cantos, tanto en las proximidades de la ciudad como en otros lugares de la provincia. Extensos pedregales. Solitario misticismo de la roca granítica, tallada por la lluvia y el viento, que yace a flor de tierra y mira al cielo.

Lo de los santos fue pura intuición femenina o extraño don de profecía. Porque a comienzos del siglo XVI solo se sabía que, al iniciarse nuestra era, Ávila había sido zona de evangelización del varón apostólico san Segundo y escenario donde recibieron el martirio a manos de los esbirros de Daciano, gobernador de *Hispania*, los santos Vicente, Sabina y Cristeta. También es Ávila, pero ya en el siglo VII, sede de un conocido hereje de nombre Prisciliano. Y en el XII nos encontramos con el eremita san Pedro del Barco, nacido en El Barco de Ávila.

Es ya entrado el siglo XVI cuando la cosecha de santos abulenses se presenta espléndida. En San Esteban del Valle nació san Pedro Bautista y en Arenas de San Pedro murió san Pedro de Alcántara. Santa Teresa de Jesús nació en la ciudad de Ávila y en esta ciudad vivió o, mejor aún, moró. Su morada exterior fue, entre otras, una celda del convento de la Encarnación, donde fue monja y priora; y sus otras moradas interiores, los peldaños por los que fue ascendiendo en su largo camino de perfección.

No nos olvidamos de san Juan de la Cruz, que nació en Fontiveros. Fue confesor y capellán de monjas en la Encarnación y gozó en su tiempo de gran predicamento como director espiritual y maestro de mística. Fue en Ávila donde se fraguaron los pilares sonoros de su *Cántico espiritual*, mientras miraba las torres y murallas, y oía los rezos en los claustros.

▼ Estatua de san Juan de la Cruz en Ávila.

Ruta teresiana

Al igual que el territorio de La Mancha está fecundado por la figura de don Quijote, la ciudad de Ávila se halla impregnada por la huella de Santa Teresa. Y así, es posible captar su mensaje en las piedras que la rodearon y seguir la biografía de la mística doctora recorriendo los edificios donde ella vivió.

Teresa de Cepeda y Ahumada nació el 28 de marzo de 1515 en un caserón ubicado en la actual plaza de la Santa. En el siglo XVII se levantó sobre el solar un convento de carmelitas descalzos en cuya cripta se puede visitar el museo teresiano. Fue bautizada el día 7 de abril en la cercana iglesia de San Juan, en una pila gótica que todavía se conserva.

Los Cuatro Postes también se incluyen entre los lugares teresianos por ser el punto en el que fue detenida por su tío cuando, siendo niña, huía de casa en compañía de su hermano Rodrigo con intención de llegar a tierra de infieles para sufrir martirio. Obedeciendo instrucciones paternas, la adolescente ingresó en el convento de Gracia para formarse y amansar los destellos de rebeldía que mostraba. Allí recibió los consejos de doña María Briceño, quien habría de inculcar en la joven la semilla de la vocación religiosa.

En 1536 entró como novicia en el convento de la Encarnación, lugar teresiano por excelencia, pues en él pasó la Santa cerca de 30 años. Allí tuvo encuentros con san Juan de la Cruz y otros religiosos, de los que nació la idea de la reforma carmelita. Allí brotaron las experiencias místicas. Se puede visitar un museo en el que destaca la celda austera y espaciosa que utilizó siendo priora.

En la capilla del Santo Cristo de la Agonía, ubicada en el monasterio de Santo Tomás, se conserva, embutido en el muro, el llamado confesionario de la Santa y también la talla del *Santo Cristo de las Angustias*, del que se dice que habló en diversas ocasiones a la mística.

La ruta termina en el convento de San José, primera fundación de la reformadora y escenario donde plasmó un ideal monástico que se basaba en la austeridad y la sencillez. En este humilde recinto conventual pasó los cinco mejores años de su vida, entregada a la oración, la formación de sus hermanas y la escritura de sus obras.

▼ Figura en yeso de Santa Teresa de Jesús dentro del convento de la santa en Ávila.

Patios

Sorprende descubrir que una ciudad mística y guerrera, austera en sus formas exteriores, esconda en su interior un secreto bien guardado: la delicada belleza de sus patios.

5

Los maestros canteros se esforzaron en la doma del granito con el claro propósito de sembrar el casco histórico de Ávila de un conjunto de patios que, en los tiempos actuales, debería articular una de las ofertas turísticas más sobresalientes. Como se puede comprobar en el palacio de Bracamonte, hay patios que muestran el primor con que fueron labradas las rosetas o los detalles que conforman los blasones. O tal como se pone de manifiesto en la que fue mansión de las Guillamas, hay otros, casi ocultos tras los secretos de clausura, que apenas dejan ver las zapatas berroqueñas entre los muros que tapan las pandas.

Hay patios rectangulares y cuadrados, con irregularidades geométricas y dimensiones exactas,

▼ Patio de la casa de los Verdugo, en Ávila.

que lucen cristales emplomados en la galería superior, dibujan un insólito friso de arcos de ladrillo o exhiben una gran delicadeza ornamental en la balaustrada. Casi todos encierran un aire de hermosura contenida y ascética, como si no quisieran excederse en el ornato. Sobriedad y poca filigrana, que el material pétreo empleado no permite alardes de virtuosismo expresivo y estamos en una tierra algo áspera y seca en las manifestaciones de belleza.

Casi todos tienen dos pisos, pero a veces, como excepción, en algunos surge una tercera planta que mira al sur o subraya el cálido abrazo que brinda el palacio de Velada. Unos reúnen grandes y equilibradas proporciones como el palacio de Justicia, pero otros ofrecen una belleza íntima, de tamaño más abarcable, como hace el palacio que ayer fue del regidor Antonio Navarro y hoy acoge las instalaciones de la Cámara de Comercio.

Ávila desde el adarve

Menos el lienzo sur y una pequeña parte del lienzo oeste, todo el adarve de la muralla abulense es visitable.

Tras subir por la puerta del Alcázar, el viajero tiene la posibilidad de contemplar la ciudad con una nueva perspectiva. Desde el adarve se atisba la recia espiritualidad de las piedras catedralicias y la plaza de Santa Teresa, que extiende sus losas de granito invitando al paseo y a la plática, y hasta brinda sus soportales para guarecerse del frío y de la lluvia.

Desde el último torreón, el del Rastro, se vislumbra el interior de algún convento y la espadaña de Santo Tomás. También, la sucesión de cubos y las ásperas almenas del *cimorro*. Hacia el sur se ven las tejas llenas de historia que cubren el convento de

6

Info

Muralla de Ávila
Accesos al adarve
▲ ver pág. 9.

▼ Vista de la catedral desde el adarve.

Gracia y las columnas de humo que surgen de las chimeneas. Y el paseo del Rastro, con sus tramos que ofician de balcón y sus lienzos que sirven de resguardo.

El tramo Carnicerías-cubo de la Mula permite conocer el rojo tejado del Episcopio y el granito imponente que da forma a la única torre de la catedral. Desde el adarve se descubren patios minúsculos, jardines interiores que rezuman humedad y algunos árboles. Árboles que tratan de rozar el misticismo del aire. En una de las revueltas del camino aparece de pronto la fachada principal de San Vicente, su equilibrio de líneas, los ventanales de la torre, el retablo de colores rojizos que la piedra arenisca reproduce. Emerge de las tejas la torre de San Martín, que proyecta sus hechuras mudéjares sobre la actual geografía de los barrios del norte.

En el tramo cubo de la Mula-puerta del Carmen, la capilla de Mosén Rubí de Bracamonte se levanta poderosa y rotunda, ofreciendo volúmenes de espiritualidad y de granito. Y tras sobrepasar el palacio de Henao, surge la espadaña del Carmen, que recorta sus cuerpos de ladrillo frente a la agonía de la tarde.

El tramo puerta del Carmen-cubo de San Segundo invita a contemplar los patios domésticos de las casas próximas, las paredes doradas del nuevo palacio de Congresos Lienzo Norte, el tejado de pizarra del antiguo Colegio de Huérfanos de Ferroviarios, el lienzo sur de la muralla, los rectángulos cromáticos que alfombran el valle de Amblés y los estanques que alegran el huerto del marqués de Santo Domingo, que una celosía de madera trata de ocultar.

Gredos

La sierra de Gredos, llamada por Unamuno «techo de Castilla y corazón pétreo de España», es como un gran espinazo rocoso tendido en el tercio sur de la provincia. Es ciertamente el techo de Castilla, pues en el Macizo Central muchas cumbres superan los 2.000 m, sobrepasando a todas la del pico Almanzor, que llega a los 2.650 m. Y es también un corazón, pétreo aunque delicado, pues tres ríos nacen en sus amplios dominios (el Tormes, el Alberche y el Tiétar), habita en los lugares más inaccesibles la cabra montés y despliega en numerosos parajes una belleza subyugante.

Desde muchos lugares se contempla la silueta de su Macizo Central. Uno de los mejores observatorios lo constituye el Parador de Turismo, desde donde las cumbres del Circo de Gredos quedan algo a la derecha, mientras que enfrente se sitúan el puerto de la Cabrilla y el del Peón. Quizás la mejor panorámica de conjunto se obtiene desde el puerto de la Peña Negra. Una sucesión de cuerpos montañosos se va superponiendo hasta que una corona de rocas remata las elevaciones.

Múltiples itinerarios pueden realizarse por la sierra de Gredos. Por su cara sur es recomendable una excursión al alto de la Mira (2.343 m). Ascendiendo desde la plataforma del Nogal del Barranco, las vistas desde la puerta del refugio *Victory* son

▼ Vista de las cumbres de la sierra de Gredos.

inigualables. Ya en La Mira, se ven, asomadas al sur, las profundidades de la Garganta Lóbrega, la lozanía del valle del Tiétar y la mancha del pantano Rosarito. La sucesión de cumbres desnudas de Los Galayos, de impresionante grandeza, constituye otro hito paisajístico destacado.

Por la cara norte, la excursión obligatoria tiene como punto de destino la Laguna Grande y el Circo de Gredos. Se tarda, en total, unas cinco horas. La senda de piedra que parte de la Plataforma conduce a la primera altiplanicie, de nombre Prado de las Pozas. Una nueva ascensión lleva a los Barrerones. Estamos a 2.170 m de altura. Desde aquí ya se ve el sorprendente escenario de los montes y un barranco profundo que se abre hacia el norte. Es la Garganta de Gredos y acoge en su seno un caudal recién nacido. Siguiendo la senda se divisa poco después, en toda su magnificencia, el Circo de Gredos en primer lugar y más tarde, a sus pies, la Laguna. Todo es grandioso y natural. Las aguas, ensimismadas y profundas, meditan ante tanta belleza. Si tenemos suerte en nuestro recorrido, podremos ver el vuelo de algún buitre o águila, o el rápido escorzo de uno de los miles de ejemplares de *Capra Pyrenaica Victoriae* que pueblan estos parajes.

▼ Calzada romana del puerto del Pico, en la sierra de Gredos.

Arquitectura nobiliaria y popular

Tanto la arquitectura nobiliaria como la popular tienen en Ávila suficientes muestras de exquisitez y abundancia, y también de distribución más o menos homogénea a lo largo y ancho de su geografía. Clérigos, canónigos, miembros de la Inquisición, nobles en su máximo esplendor e incluso algún hidalgo enriquecido integran la nómina de los poseedores de esas mansiones que muestran solidez en los sillares, señorío en los signos del blasón, precisión en las bolas que adornan la arquivolta, primor en la reja que cierra la ventana.

Aunque Arévalo conserva un puñado de palacios que subrayan el poderío de sus grandes linajes, es la ciudad de Ávila quien ofrece un extraordinario conjunto de mansiones renacentistas que responden a unos esquemas constructivos repetidos: patio con columnas y balaustradas de granito, portada con arco de medio punto formado por grandes dovelas sobre el que se asientan los blasones heráldicos y, a veces, un balcón temeroso o un hueco con jambas repletas de motivos platerescos.

Si el poder nobiliario sembraba de escudos sus fachadas, las clases humildes engalanaban sus casas con una balconada, a la que a veces se añadía un geranio florecido o una ristra de pimientos puestos a secar. Soportales y balconadas se postulan como los ingredientes más vistosos de la arquitectura popular.

Pero en muchas localidades de Ávila conviven palacios modestos con viviendas típicas, formando hermosos conjuntos. Esto sucede en los municipios que integran el Barranco de las Cinco Villas y también en Piedralaves, Candeleda, Bohoyo y Bonilla de la Sierra.

Especial atractivo despliega la arquitectura popular en algunas localidades de las cercanías de Gredos. Es el caso de Guisando, que singulariza su conjunto urbano mediante fuentes, chimeneas, balconadas, fachadas blancas y remates en los tejados. Y de Pedro Bernardo, que configura un caserío pintoresco mediante cuestas, pasadizos, portales, callejas, fuentes y balconadas.

Con sus cuidados muros de granito, Cardeñosa se revela como un ejemplo de pueblo armonioso.

8

▼ Fuente de los cuatro caños en la plaza Mayor de Arévalo.

ARQUITECTURA NOBILIARIA
Y POPULAR

Y lo mismo le sucede a Madrigal de las Altas Torres, solo que en este caso la piedra berroqueña ha sido sustituida por el ladrillo mudéjar para alzar unas casas grandes y horizontales, casi ensimismadas. Ladrillo y adobe comparten protagonismo en la Moraña, donde todavía se puede ver alguna casona blasonada que trata de mantener su dignidad.

El Herradón, pueblo ubicado en el valle del Gaznata, conserva casi intacto su caserío. Becedas exhibe un puñado de balcones típicos. Arenas de San Pedro, dos barrios donde se pueden espigar algunas muestras populares en su arquitectura. Villafranca de la Sierra, su sabor serrano. Y Bonilla de la Sierra se configura como paradigma del esplendor pasado y la ruina presente.

▼ La conocida como Casa de las Flores, vivienda con las balconadas típicas de Candeleda.

Castros y vetones

Uno de los grandes atractivos turísticos que posee la provincia de Ávila se relaciona con los restos arqueológicos dispersos por su geografía. La cultura celta –y concretamente la vetona– sembró de castros y verracos el territorio abulense. A continuación se esboza una ruta que contiene las principales referencias y lugares.

9

Comienza en el torreón de los Guzmanes. Allí se puede visitar la exposición permanente que, con el título *Vetonia, Cultura y Naturaleza,* sirve para adentrarse en el conocimiento de las claves de la cultura celta y el modo de vida de los vetones.

El **castro de las Cogotas** se encuentra situado en el término municipal de Cardeñosa. Se trata de un asentamiento que acogió a unas 250 personas y conserva un doble recinto amurallado. El recinto interior, que presenta muros de notable espesor, albergó un conjunto de casas; y el exterior, un espacio donde se abrieron fraguas y talleres de alfarería y donde se realizaron ferias de ganado. En una necrópolis cercana se descubrieron más de 1.400 tumbas.

Para visitar el **castro de la Mesa de Miranda** es preciso acercarse a Chamartín, localidad que dista unos 25 km de la capital. Al llegar al pueblo, un verraco recibe al visitante con la solemnidad que el caso requiere. El castro, perteneciente a la Segunda Edad del Hierro, fue levantado sobre un cerro al que por su forma de meseta se le conoce con el nombre de Mesa de Miranda. Se distinguen tres recintos amurallados: los dos interiores delimitando la acrópolis y el exterior construido para cercar el ganado. Las murallas incorporan en su aparejo cantos sin labra, losetas y grandes bloques de granito, y disponen cubos, torreones, puertas. Y también las singulares piedras hincadas.

En la necrópolis, llamada Osera por los restos óseos hallados, se excavaron más de 2.200 tumbas de incineración. Se encontraron diversos ajuares, repartidos hoy por los museos: cerámica, urnas, frenos de caballo, adornos y utensilios. Al regresar a Ávila podemos detenernos a ver en Sanchorreja el **castro de los Castillejos**, que se localiza en el paraje conocido como Dehesa del Cid.

El **castro de Ulaca** se encuentra en el término de Solosancho, muy cerca de Villaviciosa, en el llamado Cerro del Castillo. Es un yacimiento de la Segunda Edad del Hierro, que reviste gran importancia ar-

▼ Muralla del castro de la Mesa de Miranda (arriba) y yacimiento prerromano de El Raso (abajo).

▲ Toros de Guisando.

Info

Aula Arqueológica en Chamartín
- ✉ Ubicada en las antiguas escuelas.
- ☎ Telf. 920 232 534 (Ayuntamiento) / 606 025 440.
- ⓘ Explica los detalles más relevantes de la cultura de los vetones.

queológica gracias a lo que todavía se conserva y a los restos hallados. Entre lo primero, debe destacarse la muralla, que se extiende a lo largo de más de 3.000 m de perímetro y rodea una extensión de 60 ha; el altar de sacrificios, bloque ciclópeo de granito con asientos, al que se accede por una escalinata de piedra; la fragua, construcción tallada en la roca que, más que fragua, parece horno metalúrgico y ha sido calificada de sauna; el torreón, grupo de sillares graníticos que formaban un gran edificio público; restos de muros, cimientos de casas y varias canteras prerromanas.

Cerca de Candeleda se halla el **yacimiento** prerromano **de El Raso**, integrado por el poblado, la necrópolis, el *oppidum* y el santuario, y habitado desde el siglo v a. C. hasta la época de Augusto y donde pudieron vivir unas 2.500 personas. Está reforzado por una muralla hecha con bloques de granito cuya extensión y monumentalidad ha sido resaltada. Lo excavado en la necrópolis ha permitido encontrar urnas y elementos de ajuar, mientras que lo descubierto en el castro ha servido para conocer la composición de las casas, de piedra y tapial, y constatar la presencia de criterios urbanísticos en la disposición de las mismas. Con el fin de recrear el espacio doméstico y la arquitectura de la época, se han reconstruido dos viviendas.

Completa la ruta el conjunto de esculturas zoomorfas conocidas con el nombre de **toros de Guisando**, el **verraco de Villanueva del Campillo** (el más grande de Europa) y el **castro de las Paredejas**, que se puede explorar en el Cerro de El Berrueco (Medinilla). A ello se puede añadir la aldea altomedieval de las Henrenes, el sarcófago de Muñico y la necrópolis de la Coba.

La Moraña

La Moraña es una amplia comarca que ocupa casi todo el norte de la provincia de Ávila. Es un país horizontal, de mies y de labranza, con mucho arte en el interior de sus iglesias y poca gente en sus pueblos. De vez en cuando aparece en lontananza un mínimo altozano, alguna mancha de árbol –unos chopos quizás, algunos encinares–, la escueta torre de un templo. Lo demás es surco y cereal, y un horizonte dilatado.

Las localidades son pequeñas, extendidas, con casas de adobe y de ladrillo, que de pronto se aprestan a levantar una torre mudéjar para comunicarse a través de la llanura. De tarde en tarde, una casona noble, blasonada quizás, se yergue inesperadamente en mitad del caserío. Hay muchas casas vacías, que solo se habitan en verano. Algunas han sido vencidas por los años y muestran los tejados caídos y los muros derrumbados.

Los habitantes de la Moraña apenas se diferencian del prototipo del castellano rural. Un porcentaje muy elevado de la población supera los 60 años. Apenas se ven niños jugando en las calles. Muy pocos jóvenes han formado una nueva familia en su lugar de origen. Solo ancianos, pájaros y perros habitan unos caseríos semiabandonados.

En medio de la desolación destaca la belleza del paisaje. La llanura se extiende horizontal y geométrica, como un tablero de ajedrez lleno solo de trapecios. Ocres y amarillos, verdes y ocres. En primavera, la sinfonía de los verdes se viste poco a poco de amarillo cuando el sol acaricia las espigas. Y en verano, el oro del rastrojo se impone en la planicie como una llamarada.

▼ Paisaje en el entorno de Madrigal de las Altas Torres, villa señera de la Moraña.

Visita
a Ávila

Visita a la ciudad de Ávila

Enclavada sobre un altozano rocoso –«pedregal de hermosa labra», en afortunada expresión de Dionisio Ridruejo– desde donde se domina el valle de Amblés y acariciada por el cauce de los ríos Adaja y Chico, la ciudad de Ávila se alza a 1.127 m sobre el nivel del mar. Sometida a un clima continental muy riguroso, soporta largos y fríos inviernos, y veranos cortos y no excesivamente calurosos. La huella de los tiempos anteriores al siglo XI no posee apenas entidad. Es a partir de la repoblación llevada a cabo por Raimundo de Borgoña cuando Ávila se rodea de murallas, siembra de iglesias románicas su recinto, se puebla de clérigos y de nobles, comienza a levantar una catedral. La vida conventual y caballeresca llega a su apogeo en el siglo XVI, proporcionando capitanes ilustres y místicos universales. En 1985, la ciudad vieja de Ávila y sus iglesias extramuros fueron declaradas Patrimonio Mundial por la Unesco.

La ciudad de Ávila

ITINERARIO EXTRAMUROS, I. BARRIO NORTE

BASÍLICA DE SAN VICENTE ★★

Comienza el itinerario en la basílica de San Vicente. Lo primero que sorprende es su grandiosidad de fábrica y su belleza intacta. Torres, portadas y ábsides forman un conjunto único y de gran valor artístico. Además, la piedra arenisca de la Colilla, predominantemente empleada en la construcción, posee grandes cualidades estéticas: se incendia en los crepúsculos y también en el alba.

La **iglesia** está dedicada a los santos Vicente, Sabina y Cristeta, martirizados en Ávila en tiempos de Diocleciano, cuya historia se narra en el cenotafio de los Mártires situado en el crucero.

La edificación comenzó a finales del siglo XI o a comienzos del XII, momento al que pertenecen la cabecera, cuatro tramos de las naves, una reja bellísima y algunas esculturas de la puerta sur. Tras estar detenidas, las obras prosiguieron en la segunda mitad del siglo XII y a esta fase corresponden el triforio, el cerramiento de las naves, la portada oeste y algunas figuras de la puerta sur (la Anunciación y el rey). Del XIV es el cimborrio y el pórtico meridional, que tapa la puerta. Del XV, finalmente, la sacristía y el campanario de la torre norte.

Nos fijamos primero en los **ábsides★**. Son equilibrados y esbeltos, de un románico purísimo. Están dotados de ventanas en el cuerpo superior y llevan columnas adosadas y canecillos. En la parte inferior se abren unos huecos en trompa para dar luz a la cripta.

Lo más interesante de la **fachada sur** es la doble cornisa que remata el cuerpo de la nave central. La línea superior ofrece altorrelieves con figuras de rostros monstruosos y animales fantásticos; y la inferior, una sucesión de florones con motivos vegetales. Solo hay uno abiertamente procaz, que rompe la fantasía de las hojas y las flores. Por encima del suelo se hallan los sepulcros: bajo el pórtico, dos de estilo gótico, con arcos y blasones, pertenecientes a la familia Gómez de Salazar; adosado a la torre sur, uno del siglo XIV, desgastado y anónimo; en el lado sur del crucero, un nicho de tres cuerpos iguales y arquillos enlazados.

Las esculturas de la **puerta sur** son de belleza incuestionable, tanto las situadas a la derecha, que representan a un rey (tal vez Alfonso VI o el

A3

Basílica de San Vicente
✉ San Vicente, 4.
☎ 920 255 230.
🌐 www.basilicasanvicente.es
🕐 Lunes, miércoles, jueves, viernes y sábado, de 10 h a 19 h. Martes, de 10 h a 14 h y de 15 h a 19 h. Domingo, de 16 h a 18 h.
🎫 Entrada general: 3 €.

Planificación de la visita

Se proponen a continuación tres recorridos para la visita a la ciudad de Ávila. El primero, denominado **Itinerario extramuros,** tiene como monumentos principales la basílica de San Vicente, al norte, y el monasterio de Santo Tomás, al sur. El segundo, **Itinerario intramuros,** se centra en el interior del recinto amurallado, con la catedral de Ávila como obra más destacable. Y el tercero, **Otros lugares de interés,** describe otros lugares que se recomienda visitar y que se encuentran situados en las proximidades de la ciudad de Ávila. El **plano** de las págs. 30-31 le será de gran utilidad para realizar los recorridos urbanos. El símbolo 🅞 remite a la localización de los lugares y monumentos en el plano. La referencia f.p. significa que el monumento se encuentra fuera del plano.

Las estrellas (★ o ★★/ ★ o ★★) que acompañan a los monumentos hacen referencia a su importancia o especial interés.

● ● ● ● ● ● ● ● ●

ℹ Centro de Recepción de Visitantes
✉ Avda. Madrid, 39.
☎ 920 354 045.
🖰 www.avilaturismo.com
📍 Aquí se puede adquirir la tarjeta turística **Ávila card 48 h,** que permite la entrada a 11 monumentos de la ciudad (▼ ver pág. 139).

ℹ Patronato Provincial de Turismo
✉ Canteros, s/n.
☎ 920 206 222.
🖰 www.turismoavila.com

ℹ Oficina de Turismo de la Junta de Castilla y León
✉ Casa de las Carnicerías. San Segundo, 17.
☎ 920 211 387.
🖰 www.turismo castillayleon.com

▼ Basílica de San Vicente.

rey David) y a una pareja (tal vez doña Urraca o don Raimundo, o quizá san Vicente y santa Sabina) como las situadas a la izquierda, que representan una Anunciación. Se considera que la pareja de la derecha es propiamente románica, mientras que el resto pertenece a tiempos algo más tardíos.

La **fachada oeste*** es comparable en grandiosidad y belleza al Pórtico de la Gloria. Este conjunto protogótico, atribuido al maestro Fruchel, se ordena bajo una cornisa formada por 26 figurillas humanas enmarcadas en arquillos y consta de cinco arquivoltas –profusamente decoradas por temas vegetales– que arrancan de otros tantos pares de columnas, un parteluz con la imagen sedente del Salvador, un tímpano subdividido en dos arquillos que recogen escenas bíblicas de Lázaro y del rico Epulón, y diez apóstoles locuaces. Desde el parteluz, el Cristo, con su serena majestad, trata de imponer silencio. Más arriba pueden verse las **torres,** aún inacabadas, custodiando un gran arco apuntado. La del norte se coronó de campanario en el siglo xv.

Ya en el **interior,** todo es penumbra, bóveda elevada, capitel inalcanzable, vértigo –en el triforio– de ventanas. Los pilares se estiran como una oración de piedra ensimismada. Tres naves muy amplias se alzan con alturas distintas y en el punto de intersección de la nave central con el crucero se dibuja una bóveda ochavada. El suelo de la iglesia está sembrado de lápidas graníticas, de leyendas y símbolos. Sabido es que esta iglesia, además de

El cenotafio de los Mártires

El llamado cenotafio de los Mártires es el monumento más importante que contiene la basílica de San Vicente y más desde que, tras la última restauración, muestra en todo su esplendor la belleza de la policromía. Obra de finales del siglo XII atribuida a Fruchel y tenida por André Michel como el «más magnífico de los sepulcros románicos de España», se cubre con un aparatoso baldaquino del XV y narra en sus viñetas de piedra la historia completa del martirio, desde la huida de los hermanos mártires hasta su muerte, así como los episodios relacionados con el judío (escena de la sierpe e inicio de la construcción del templo). Los relieves frontales con la *Adoración de los Reyes*, el *Pantocrátor* y dos evangelistas (san Lucas y san Marcos) completan un conjunto en el que debe reseñarse la presencia de otros relieves que, según E. Rodríguez Almeida, reproducen en imágenes el lema benedictino *Ora et labora*. Y así, se representa la figura de un maestro del arpa que toca su instrumento mientras dos monjes rezan sus oficios; y también una silueta que encuaderna un libro, otra que copia y otra que lee.

Debe destacarse en esta obra la habilidad narrativa que encierran las secuencias, la plasticidad pictórica y naturalista de las composiciones y el dominio de la elipsis.

juradera como la de Santa Gadea de Burgos y la de San Isidoro de León, era lugar de enterramiento de familias nobiliarias. Convendría destacar la **imagen** gótica de la *Virgen con el Niño* que se muestra adosada a uno de los pilares, así como las **esculturas** protogóticas **de los hermanos mártires,** que fueron moldeadas de nuevo con yeso en el siglo XV. Se sitúan en el lateral sur del crucero.

Queda la **reja*** y la cripta. La primera, situada al comienzo de las escaleras que llevan a la segunda, está formada por pequeños cuerpos circulares, casi laberínticos, y esconde los secretos de su forja en esas espirales que se van cerrando poco a poco, pero que no acaban de clausurar completamente la memoria del tiempo. La **cripta** es el lugar donde reposa la imagen de la *Virgen de la Soterraña*. Es sitio fresco y recóndito, se sitúa debajo de los ábsides y consta de tres capillas. Se guarda en la última la piedra donde, según la tradición, fueron martirizados los titulares del templo.

▲ Detalle del cenotafio de los Mártires, en la basílica de San Vicente.

● ● ● ● ● ● ● ● ●

🕐 A3
Convento de San Francisco. Auditorio
✉ Valladolid, s/n.
☎ 920 354 000.
🖥 www.avilaturismo.com
🕐 Abierto cuando hay alguna actividad.

| CONVENTO DE SAN FRANCISCO

Dejando a la derecha la herreriana **ermita del Humilladero,** donde se estremece la imagen del *Cristo de los ajusticiados,* talla anónima del siglo XVI, y se emborrona de penumbra la escultura de

ÁVILA

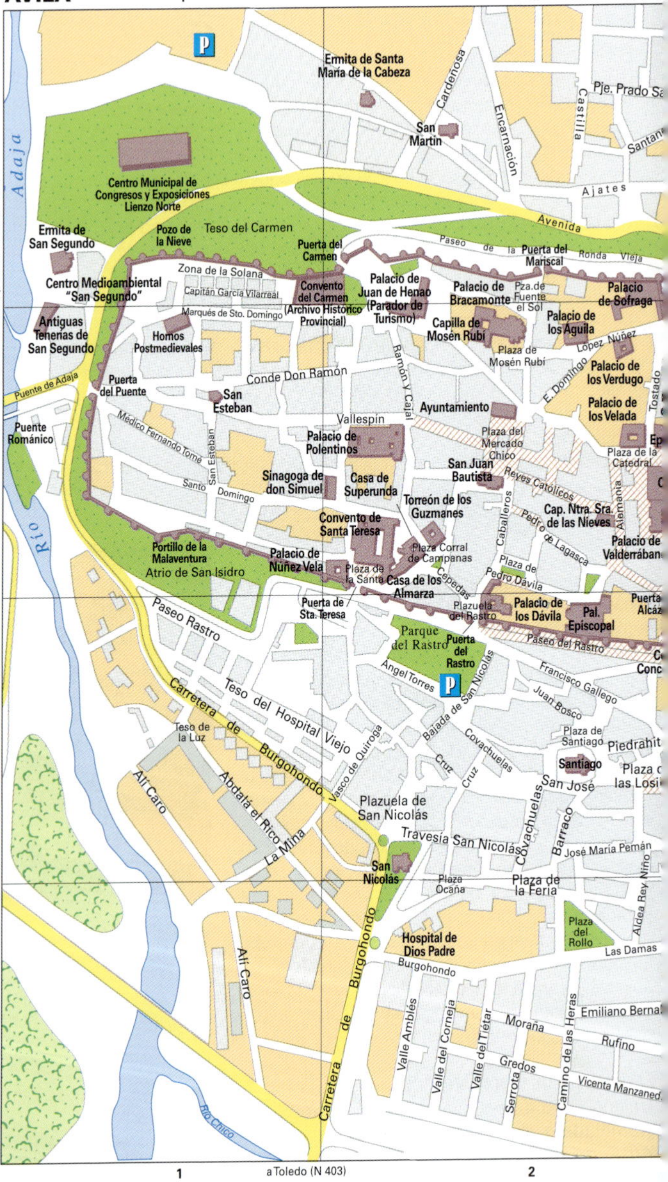

Adaja

a los Cuatro Postes y Salamanca (N 501)

P

Ermita de Santa
María de la Cabeza

San
Martín

Centro Municipal de
Congresos y Exposiciones
Lienzo Norte

Teso del Carmen

Avenida de la Puerta del Mariscal

Paseo de la Puerta del
Mariscal

Ronda Vieja

Ermita de
San Segundo

Pozo de
la Nieve

Puerta del
Carmen

Zona de la Solana

Palacio de
Juan de Henao

Palacio de
Bracamonte

Pza.de
Fuente
el Sol

Palacio
de Sofraga

Centro Medioambiental
"San Segundo"

Capitán García Villarreal

Convento
del Carmen
(Archivo Histórico
Provincial)

Palacio de
los Águila

Antiguas
Tenerías de
San Segundo

Marqués de Sto. Domingo

Capilla de
Mosén Rubí

Plaza de
Mosén Rubí

López Núñez

Palacio de
los Verdugo

Hornos
Postmedievales

Conde Don Ramón

E. Domingo

Palacio de
los Velada

Puente de Adaja

Puerta
del Puente

San
Esteban

Ayuntamiento

Tostado

Plaza de
la Catedral

Puente
Románico

Médico Fernando Tomé

Vallespín

Palacio de
Polentinos

Plaza del
Mercado
Chico

Reyes Católicos

Río

Santo Domingo

San Esteban

Sinagoga de
don Simuel

Casa de
Superunda

San Juan
Bautista

Cap. Ntra. Sra.
de las Nieves

Caballeros

Convento de
Santa Teresa

Torreón de los
Guzmanes

Pedro de Lagasca

Palacio de
Valderrábano

Portillo de la
Malaventura

Palacio de
Núñez Vela

Plaza Corral
de Campanas

Plaza de
Pedro Dávila

Atrio de San Isidro

Plaza de
la Santa

Casa de los
Almarza

Puerta de
Sta. Teresa

Casa de los
Almarza

Puerta
Alcáz

Paseo Rastro

Teso del Hospital Viejo

Plazuela
del Rastro

Palacio de
los Dávila

Pal.
Episcopal

Paseo del Rastro

Parque
del Rastro

Puerta
del
Rastro

Ce
Conc

Carretera de Burgohondo

Ángel Torres

P

Bajada de San Nicolás

Francisco Gallego

Juan Bosco

Teso de
la Luz

Vasco de Quiroga

Covachuelas

Plaza de
Santiago

Piedrahíta

Alí Caro

Cruz

Cruz

Santiago

Plaza de
las Losi

Abdalá el Rico

San José

Covachuelas

a Piedrahíta

Plazuela de
San Nicolás

Travesía San Nicolás

Barraco

José María Pemán

La Mina

San
Nicolás

Plaza
Ocaña

Plaza de
la Feria

a Cáceres

Alí Caro

Hospital de
Dios Padre

Burgohondo

Plaza del
Rollo

Las Damas

Aldea Rey Niño

Carretera de Burgohondo

Valle Amblés

Moraña

Emiliano Bernal

Valle del Corneja

Valle del Tiétar

Gredos

Serrota

Rufino

Camino de las Heras

Vicenta Manzaned

Río Chico

● ● ● ● ● ● ● ●

A3
Iglesia de San Andrés
✉ Plaza de San Andrés.
☎ 920 255 230.
🖥 www.avilaturismo.com
🕐 No dispone de horario para visitas turísticas.

● ● ● ● ● ● ● ●

A3
Iglesia de San Juan de la Cruz

▲ Iglesia de San Andrés.

▼ Iglesia de San Martín.

la *Santa Cruz* (comienzos del XVI), nos acercaremos a la plaza de San Andrés.

Antes conviene contemplar la fábrica del **convento de San Francisco,** que fue importante recinto religioso y lugar de enterramiento de nobles, y hoy se ha convertido en **auditorio.** Fue edificado a finales del siglo XIII y se arruinó como consecuencia de la Desamortización. Destaca la bóveda estrellada de la capilla octogonal de San Antonio, que fundó en el XV Rodrigo Dávila Valderrábanos, y la bóveda de tracería hecha con piedra jaspeada que corona la techumbre del templo.

❙ IGLESIA DE SAN ANDRÉS   ✳

La iglesia de San Andrés está algo olvidada, pero es muy hermosa. De gran pureza románica (finales del siglo XI), fue una de las primeras que se construyeron en la ciudad y tuvo importancia en su tiempo como parroquia del arrabal del norte. Lo más notable está constituido por sus **capiteles** interiores: de hojas de acanto los de las naves y sumamente historiados los de la capilla mayor. Esculpidos en ese mundo mágico de piedra habitan vegetales diversos, rostros deformes, aves misteriosas, animales fantásticos y hasta es posible ver a un caballero que se enfrenta a una quimera.

Se descubrió en la restauración un conjunto de **pinturas murales** de los siglos XV-XVIII que estaban ocultas tras el retablo del ábside.

En la misma plaza de San Andrés se puede ver una **casa** que exhibe un escudo esquinero y una portada del gótico flamígero con arco mixtilíneo y adorno de bolas. Y muy cerca, la **iglesia de San Juan de la Cruz,** que además de mostrar una portada de granito labrada en 1567, luce el blasón de las Guillamas y el relieve de la *Virgen con el Niño.* Este templo formó parte del antiguo convento de la Concepción.

❙ IGLESIA DE SAN MARTÍN Y ERMITA DE NUESTRA SEÑORA DE LA CABEZA

Siguiendo la calle de Ajates, nombre del barrio donde vivían hortelanos, tejedores y canteros, se llega a la **iglesia de San Martín.** En su exterior es muy visible la torre mudéjar del siglo XIV, con cuerpo inferior de piedra y superiores de ladrillo que se abren formando huecos para arcos y ventanas. En su **interior** sobresale una valiosa tabla del XV y estilo hispano-flamenco. Puede verse en ella a san Martín montado a caballo y empuñando una gran espada con la que parte su capa.

También es mudéjar, pero del siglo XVI, la fábrica de la **ermita de Nuestra Señora de la Cabeza,** a excepción de su cabecera berroqueña levantada a comienzos del XIII gracias al obispo don Pedro Istancio. De comienzos del XVIII es su espadaña. Era valiosa la techumbre morisca de par y nudillo que cubría sus naves, pero un incendio lo arruinó todo. Hoy, quizá por ser la titular de la ermita patrona de poetas y otras gentes que en su trabajo utilizan el ingenio, respira desnudez en sus paredes y algo de tristeza.

CONVENTO DE LA ENCARNACIÓN

El convento de la Encarnación es lugar teresiano por excelencia, pues aquí pasó la Santa cerca de 30 años, 27 como novicia y casi 3 como priora. Aquí tuvieron lugar encuentros decisivos con san Juan de la Cruz y otros religiosos, de los que nació la idea de la reforma carmelita y se confirmaron los impulsos renovadores, que no querían otra cosa sino restaurar el rigor religioso y el retorno a la vida contemplativa y ascética.

El edificio muestra en su **fachada sur** una puerta con arco de medio punto y grandes dovelas, además de un relieve de madera con la escena de la Encarnación. Una airosa espadaña se eleva a las nubes.

La fábrica original del convento es del siglo XVI, pero fue modificado en el XVIII. Actualmente consta de iglesia, capilla, patio, locutorios, museo y zona de clausura con jardines, coros y claustros. Con tanto altar barroco, tanta yesería y tan austero suelo de granito, la **iglesia** apenas tiene interés artístico, aunque sí sentimental: puede verse en ella el coro bajo donde rezaba la Santa, con su puerta de acceso, comulgatorio y un hueco excavado en la pared, llamado «Confesionario de san Juan de la Cruz», que tiene un ventanuco interior desde donde santa Teresa se descargaba de pecados.

Más interés esconde la **capilla de la Transverberación,** que fue levantada aprovechando una parte de la antigua celda de Santa Teresa, habitáculo donde, según refiere la escritora, se produjo la experiencia de ser traspasada por un dardo de amor. Es sitio fresco, lleno de celosías tras las que se ocultan las monjas. Llama la atención la presencia en la pared izquierda de dos cuadros: en el primero se ve una Sagrada Familia con dos niños, aunque la obra podría titularse *Virgen con cestillo de flores,* pues eso lleva la figura principal en su mano izquierda. El segundo lienzo muestra un rostro de reina o de doncella coronada de flores y joyas. Es

A2
Iglesia de San Martín
Paseo de Santa María de la Cabeza, s/n.
920 255 230.
www.avilaturismo.com
Habitualmente no se encuentra abierta al público.

A2
Ermita de Nuestra Señora de la Cabeza

f.p. (A2)
Convento de la Encarnación y Museo de la Santa
Paseo de la Encarnación, 1.
920 211 212.
www.avilaturismo.com
Lunes a viernes, de 9.30 h a 13.30 h y de 15.30 h a 18 h. Sábado, domingo y festivo, de 10 h a 13 h y de 16 h a 18 h.
Entrada general: 2 €.

▶ Fachada del convento de la Encarnación, con la estatua de santa Teresa.

rostro lánguido, pero se adivina gran pasión bajo los párpados.

Por el patio se accede a los locutorios y al museo teresiano. El **Museo de la Santa** se compone de objetos usados por ella, cartas manuscritas, bulas, cuadros y utensilios de la época y de otras, y de algunos aposentos donde moró. Destaca, sobre todo, la celda espaciosa y austera que utilizó siendo priora. Es lugar muy apto para deliquios o meditaciones y concebido sin concesión alguna a la comodidad material o a goce que no sea místico. Como pieza curiosa, debe también citarse el dibujo de *Cristo crucificado* hecho por san Juan de la Cruz y que sirvió de inspiración para el de Dalí.

JARDÍN DE SEFARAD

El llamado Jardín de Sefarad surgió como consecuencia del descubrimiento de casi un centenar de estructuras funerarias pertenecientes al antiguo cementerio

🕐 f.p.; A2
Jardín de Sefarad

judío de Ávila. Las tumbas aparecieron en la calle de los Canteros, en una zona situada detrás del convento de la Encarnación. En 2013 se puso en valor este lugar creando un «paisaje de conmemoración», tal como afirma uno de los arquitectos del proyecto. El espacio conmemorativo está formado por una serie de losas y estelas de granito que evocan la disposición de las tumbas en la necrópolis. También han sido dispuestos dos miradores (uno al norte y otro al oeste), con el fin de favorecer la contemplación del escenario metafísico que se ha intentado crear.

ITINERARIO EXTRAMUROS, II. BARRIO DE SAN SEGUNDO

I ERMITA DE SAN SEGUNDO ✱

Por la avenida de Madrid se llega a la ermita de San Segundo, que se halla situada en un barrio antiguamente ocupado por hortelanos, tundidores y molineros.

La ermita de San Segundo, anteriormente llamada de Santa Lucía y luego de San Sebastián, se levanta asomándose al río. El cambio último de nombre se produjo en 1519 con motivo del hallazgo en una arqueta de piedra de las reliquias de san Segundo, primer obispo de Ávila. Es una ermita románica del siglo xii y posee un ábside algo oculto por humildes edificaciones, una espadaña mínima y una portada sur, sencilla pero hermosa, con capiteles historiados sobre las columnas y arquivoltas adornadas con rosetas.

El **interior** esconde capiteles muy altos, tres naves separadas por pilares y arcos y recubiertas por una techumbre de madera del siglo xvi, un retablo con tablas de finales del xv y una **escultura** muy notable **de alabastro**✱, obra de Juan de Juni, que representa a san Segundo en actitud orante. La estatua, encargada en 1519 por doña María de Mendoza, muestra al santo de cara al altar, con la cabeza algo inclinada, revestido de ornamentos y tocado de mitra, con expresión de estar concentrado en sus plegarias.

I TENERÍAS DE SAN SEGUNDO

Las excavaciones realizadas en 2005 junto a la ermita supusieron un descubrimiento notable: los restos de las llamadas Tenerías de San Segundo, complejo artesanal dedicado al curtido de pieles que los expertos sitúan entre los más completos y mejor conservados de Europa. Es sabido que los judíos abulenses se dedicaron a los trabajos relacionados con las industrias del cuero y la confección textil.

A1
Ermita de San Segundo
- www.avilaturismo.com
- Habitualmente solo se abre durante las fiestas patronales.

A1
Tenerías de San Segundo
- Atrio de San Segundo, 2.
- www.teneriasjudiasdesan segundo.com
- Horarios: consultar www.avilaturismo.com
- Entrada gratuita.

Estas tenerías, que estuvieron funcionando desde el siglo XIV hasta el XVIII, fueron regentadas por judíos hasta su expulsión. Se encuentra entero el conjunto de las tinajas y las piletas, así como el pavimento de las estancias y el empedrado. El complejo ha sido declarado Bien de Interés Cultural en la categoría de Conjunto Arqueológico.

ITINERARIO EXTRAMUROS, III. BARRIOS DEL SUR

⏐ IGLESIA DE SAN NICOLÁS

La iglesia de San Nicolás se alza desde los tiempos de la repoblación en lo que era el barrio morisco. De fecha tan lejana quedan la torre ciega, desmochada y prismática, dos portadas románicas y un ábside. En el basamento de la torre, y formando esquina, se aprecia la silueta de un verraco ibérico. Interior con yeserías y altares barrocos.

⏐ IGLESIA DE SANTIAGO   ✳

Muy cerca se encuentra la iglesia de Santiago. El actual templo, de comienzos del siglo XVI, sustituye a otro románico que debió de tener importancia social en su época, pues fue lugar de enterramiento del ilustre Nalvillos y otros señores principales, y también espacio donde se armaban caballeros los de la Orden de Santiago. Hoy podemos contemplar la puerta norte porticada y la esbelta **torre** octogonal, que tiene tanta altura como para asomarse al paseo del Rastro y vigilar, al mismo tiempo, lo que ocurre en el valle de Amblés.

⏹ C2
Iglesia de San Nicolás
✉ Plaza de San Nicolás.
☎ 920 221 122.
🖳 www.avilaturismo.com
🕐 Abre antes y después del culto. Misas: laborables, 19.30 h; domingos y festivos, 10 h y 12 h.

⏹ C2
Iglesia de Santiago
✉ 920 225 239.
🖳 www.avilaturismo.com
🕐 Entrada libre antes y después del culto.

▼ Iglesia de Santiago.

El **interior** es de un gótico alto y espacioso, de una sola nave con capillas laterales y bóveda de tracería, solo interrumpida en el cuerpo central, que pertenece a siglos posteriores. Guarda un interesante **retablo** mayor, que fue terminado a comienzos del XVII. Destaca por su importancia iconográfica dentro de las iglesias jacobeas.

I CONVENTO DE NUESTRA SEÑORA DE GRACIA Y ERMITA DE LAS VACAS

El **convento de Nuestra Señora de Gracia** está casi pegado a la muralla, de la que le separan unas tapias que impiden ver el interior. El cenobio es lugar de nostalgia teresiana por haber ingresado en él a los 16 años una joven llamada Teresa de Cepeda y Ahumada, pues su padre quería rebajarle unos humos para él demasiado mundanos, y por haber tenido como directora a doña María Briceño, quien influyó en la vocación religiosa de la Santa. Lo más sobresaliente desde el punto de vista artístico es el hermoso **retablo** plateresco de Juan Rodríguez y Lucas Giraldo.

La calle del deán Castor Robledo conduce a la plazuela de las Vacas, cuyo nombre proviene del animal que le araba los campos a un vecino mientras él acudía a orar a la iglesia. La **ermita de las Vacas** está como acorralada por casas cada vez más altas. El edificio tiene dos partes: la fachada, del siglo XV y construida de tapial y ladrillo, que está compuesta de espadaña, cigüeña, óculo y pórtico de columnas; y la cabecera, de sillería granítica y estilo herreriano. Lo más notable de su interior es la espaciosa bóveda redonda y el excelente **retablo***, obra de Juan Rodríguez y Lucas Giraldo. De entre los relieves policromados y estofados destaca el de la *Natividad*: tiene encanto el realismo de los paños puestos a calentar a la lumbre de un brasero.

I REAL MONASTERIO DE SANTO TOMÁS ✱✱

El monasterio de Santo Tomás es una de las tres joyas monumentales de la ciudad abulense y un magnífico ejemplar del gótico isabelino.

Las obras, dirigidas por Martín Solórzano, se iniciaron en 1483 y se acabaron diez años más tarde, que es cuando la Orden de Predicadores Dominicos inauguró la vida conventual. Otras funciones se fueron añadiendo a la propia del convento-palacio: ser residencia veraniega de los Reyes Católicos, sede del Tribunal de la Inquisición durante seis años, universidad desde 1504 hasta fechas recientes (habiendo acogido en ella a Jovellanos), y lugar donde reposan los restos del infante don Juan, hijo

- - - - - - - - -

⊙ C2-3
Convento de Nuestra Señora de Gracia
☎ 920 223 123.
🖱 www.avilaturismo.com
🕐 Habitualmente no se encuentra abierto al público.

- - - - - - - - -

⊙ C3
Ermita de la Virgen de las Vacas
☎ 920 221 904 (depende de San Pedro).
🖱 www.avilaturismo.com
🕐 Abre antes y después del culto. Misas: domingos y festivos, 11.30 h.

- - - - - - - - -

⊙ D4
Real Monasterio de Santo Tomás
✉ Plaza de Granada, 1.
☎ 920 352 237.
🖱 www.monasteriosanto tomas.com
🎫 Entrada general: 4 €.

▲ Real Monasterio de Santo Tomás: pórtico, sepulcro del infante don Juan y claustro del Silencio.

y heredero de los católicos monarcas. Dedicado a hospital de sangre durante la guerra de la Independencia, fue abandonado durante la Desamortización y posteriormente comprado por Isabel II, quien lo devolvió a los dominicos.

Tras pasar bajo un **pórtico** de triple arco, aparece la **fachada oeste**. Su configuración estructural tiene la forma de una gigantesca letra «h». Los trazos verticales son machones prismáticos que proporcionan una apariencia de robustez y poderío, y llevan las aristas rematadas por bolas de granito. El trazo horizontal divide la fachada en dos partes: la superior exhibe un óculo y, más arriba, el escudo de los Reyes Católicos custodiado por leones rampantes; en la inferior un arco escarzano define un nártex o portal en el que crece un arco conopial y se abre una puerta de madera, muy claveteada, mientras esculturas de escuela borgoñesa examinan a los visitantes.

Desde el claustro del Silencio se aconseja subir al coro por una hermosa escalera de granito de finales del siglo XV. El **coro★** es soberbio. Talla finísima en doseletes y respaldos, que desgrana motivos vegetales y geométricos nunca repetidos en ninguna de las 73 sillas. Se atribuye esta obra del gótico flamígero al vallisoletano Martín Sánchez, quien la tallaría hacia 1492. Son de gran magnificencia los sitiales que ocupaban los Reyes Católicos, ubicados en los extremos del coro y marcados con el yugo y las flechas.

Ya en el interior de la **iglesia**, es difícil encontrar un gótico tan bello. Grandiosidad catedralicia de la única nave. Bóvedas de tracería. Pilares que se estiran y luego se resuelven en un haz de nervios que dibujan estrellas. Nada más entrar, la penumbra es muy densa. Luego se van definiendo los volúmenes, se vislumbra el retablo y aparece en el centro del crucero el magnífico **sepulcro del infante don Juan★**. La escasa luz del óculo acaricia las extremidades de la estatua. No hace falta más claridad, para que no despierte de sueño tan profundo este príncipe muerto en Salamanca el 4 de octubre de 1497, cuando contaba 19 años, 3 meses y 6 días.

De acuerdo con la disposición testamentaria de Isabel I, la obra se encargó en 1508 a Domenico Fancelli, artista florentino que realizó un trabajo de impresionante belleza. El rostro del infante descansa sobre un cojín magistralmente modelado, mientras los pliegues del manto se ordenan de manera simétrica teniendo la espada como eje. Completan el repertorio iconográfico águilas y grifos aposentados en las esquinas, medallones de la Virgen y santos rodeados de virtudes en los lados.

Claustros en el monasterio de Santo Tomás

Una puerta situada al final de la portería da acceso al primer claustro, que se llama del **Noviciado**. De estilo toscano, es pequeño, mineral, granítico, lleno tan solo de silencio. La hermosura del claustro es rota por la inquietud que supone el saber que en una de sus pandas se encontraban las mazmorras inquisitoriales.

El segundo recibe el nombre de claustro del **Silencio**. Pero aquí es un silencio más festivo y se alía con un gótico de asomos sensuales en los arcos mixtilíneos, de voluptuosidades platerescas en las balaustradas, de símbolos que representan el poder que ordenó construirlo: yugos y flechas, profusamente sembrados en la galería alta.

La clave del tercer claustro (llamado de los **Reyes**) es su dimensión, el poderío que subyace bajo tantas amplitudes. Ya no hay símbolos exteriores de poder. Todo es más sutil. El poder se manifiesta en su raíz, es decir, en la íntima estructura de las configuraciones. Mientras una sucesión de bolas adorna los arcos y columnas de la planta baja, los rosales y parterres que crecen dentro del perímetro de tierra aportan matices de aroma y color al sobrio discurso de las piedras.

▲ Claustro de los Reyes, en el Real Monasterio de Santo Tomás.

Otros enterramientos de interés se sitúan en las capillas laterales. En la de Santa Catalina puede admirarse el **sepulcro de los ayos del príncipe don Juan**, don Juan Dávila y doña Juana Velázquez. El ayo exhibe luengas barbas, armadura completa y espada lateral, mientras el yelmo yace a sus pies. La dama reposa con expresión de paz y acusado

▲ Interior de la iglesia (arriba) y Museo de Arte Oriental (abajo), en el Real Monasterio de Santo Tomás.

manteo. Tienen las cabezas muy juntas, como si todas sus desavenencias hubieran quedado olvidadas con este último gesto de aproximación que Pedro de Salamanca, autor a quien se atribuye la obra, quiso grabar en alabastro en torno al año 1550.

En la capilla contigua, llamada del Santo Niño, se halla el **sepulcro de don Hernán Núñez,** primer marido de la fundadora del monasterio y tesorero de los Reyes Católicos. Es obra atribuida a Vasco de la Zarza. Lo que se ve del caballero permite suponer que era poderoso, quizá en demasía. Tocado con ampuloso gorro y cabello muy largo, agarra con autoridad la empuñadura de una espada que bruscamente se interrumpe, como el cuerpo. Mucho ropaje airoso y magnífico collar, quizá de perlas en su día y ahora de alabastro.

En la **capilla del Santo Cristo de la Agonía** se encuentra la talla del *Santo Cristo de las Angustias* (siglo xv), angustiosamente grande y lacerado, del que se dice que habló a Santa Teresa en diversas ocasiones. Se muestra allí también, embutido en el muro, el confesionario donde la mística descargaba sus pecados.

Faltaba el **retablo*,** pieza magnífica. Situado sobre un gran arco escarzano que eleva el altar a la altura del coro, muestra cinco tablas grandes con escenas de la vida de santo Tomás, seis tablas pequeñas en las entrecalles con figuras de ángeles y una predela con evangelistas y padres de la iglesia. Todo ello está engarzado en una valiosa mazonería y es obra de Pedro Berruguete.

Antes de abandonar el monasterio conviene visitar el sorprendente **Museo de Arte Oriental,** instalado en las antiguas estancias reales y formado con el material que los misioneros dominicos han ido recogiendo en China, Vietnam, Japón y Filipinas. Contiene objetos muy heterogéneos y diversas antigüedades. Junto a él se halla el **Museo de Ciencias Naturales,** integrado por una colección de ejemplares zoológicos utilizada por los padres dominicos en sus enseñanzas.

ITINERARIO EXTRAMUROS, IV. BARRIOS ORIENTALES

CONVENTO DE SANTA MARÍA DE JESÚS

Se le encogen los ánimos al viajero que contempla las ruinas de lo que fue el próspero **convento de Santa María de Jesús o de las Gordillas**. Desde lo alto de la tapia se ven los techos derruidos y el huerto abandonado. Y más tras el incendio sufrido en agosto de 2013. Solo queda la iglesia y algún resto que no se puede visitar. Desde 2007, el conjunto está incluido en la lista roja del Patrimonio.

El convento recibe la apelación de Gordillas por ser así como se conocía la finca donde doña María Dávila fundó en 1502 un monasterio de monjas clarisas, más tarde trasladado al oratorio de las Nieves y finalmente, en 1552, al lugar actual. Fue comunidad de notable esplendor, como atestiguan las dimensiones de las ruinas y el espacio limitado por la tapia, además del refrán de rimas múltiples e imperfectas: «Conventos de Castilla: Tordesillas, Madrigal y las Gordillas».

La **iglesia** es de una sola nave, muy larga para lo poco que contiene, con bóveda estrellada y encalada en sus dos primeros tramos y de piedra arenisca el resto. Lo demás es desnudez de cal y un extraño retablo escalerado. El **coro** es lo mejor del templo. Muestra una bóveda estrellada que se adorna con ángeles en los nervios y pequeños medallones que cuelgan como si fueran murciélagos.

Al final de la calle Jacinto Benavente, se tropieza el caminante con una humilde y pequeña **ermita** llamada **del Cristo de la Luz,** fundada por Juan Núñez Dávila en 1467. Posee una bóveda gótica casi de juguete y una espadaña mínima.

REAL MONASTERIO DE SANTA ANA

El monasterio de Santa Ana fue fundado por el obispo don Sancho Blázquez Dávila –prelado al servicio de Alfonso XI y Pedro el Cruel– en 1388, aunque

▲ Coro de la iglesia del Real Monasterio de Santo Tomás.

● B4
Iglesia del convento de Santa María de Jesús (Las Gordillas)
✉ Calle de la Luna, 3.
☎ 920 220 583.
🌐 www.avilaturismo.com
● Abre antes y después del culto. Misas: domingos y festivos, 12.30 h; vísperas de festivo, 19.30 h.

● B4
Ermita del Cristo de la Luz

● B4
Real Monasterio de Santa Ana
✉ Plaza de Santa Ana.
☎ 920 221 666.
🌐 www.jcyl.es
● De lunes a viernes de 9 h a 14 h (edificio administrativo).

quedan muy pocos restos arquitectónicos de esa fecha, pues la mayor parte de su irregular y poco armoniosa fábrica fue reconstruida a finales del siglo XVI. Sí quedan muchos y muy notables recuerdos históricos, que confirman la importancia y riqueza del convento, corroborada por estos versos alejandrinos que acompañan al sepulcro del fundador:

«De libros e vestimentas la iglesia muy cumplida/E de muchas otras joyas la fizo enriquecida».

De entre los recuerdos citaremos el haber sido residencia ocasional de Isabel la Católica siendo niña y también de Felipe II en el mismo periodo vital.

Poco se puede decir del interior del antiguo monasterio, como no sea que ha sido restaurado por la Junta de Castilla y León para su utilización como centro administrativo. La iglesia es ahora un auditorio, y otras estancias han sido convertidas en salas de exposiciones. Guardaba el cenobio un valioso tesoro artístico, pero se supone que sus últimas moradoras se lo llevaron consigo. Hoy, en el **templo** de una sola nave y cúpula estriada, pueden verse dos retablos barrocos enfrentados en medio de la nave y otro muy suntuoso en la cabecera.

Queda el **claustro***, que es de acusada belleza y armonía. Posee grandes dimensiones y unidad estilística, siendo un raro ejemplar de galerías con tres pisos en todos sus lados. Desde uno de ellos se ve cómo se yergue la espadaña de la iglesia, que, como es habitual en Ávila, luce nido y pájaro.

▼ Vista panorámica de Ávila encerrada en su muralla.

CONVENTO DE SAN JOSÉ

La calle San Juan de la Cruz conduce al **convento de San José** o **de las Madres,** otro lugar teresiano de gran significación e importancia por ser la primera fundación de la Santa y por haber pasado en él los cinco mejores años de su vida, dedicados a la oración, la formación de sus hijas y la escritura de sus obras místicas. De lo primero da fe una inscripción situada sobre la puerta de entrada al zaguán. Proclama que el 24 de agosto de 1562 se dijo en el templo la primera misa, se puso el Santísimo y se ordenaron las primeras hermanas.

El convento se ubica en una plaza, formada por las dos iglesias (la primitiva, situada a la derecha; y la principal, de 1615, en el centro), la entrada al convento y una pared del museo teresiano. Sabido es que el cenobio se pudo levantar gracias al celo de Santa Teresa, a la ayuda de su amiga doña Guiomar de Ulloa y al apoyo prestado por san Pedro de Alcántara y otras personas, pese a la gran oposición que suscitó en la ciudad la fundación de un monasterio pobre, es decir, dependiente de la caridad y no de las rentas. El objetivo no era otro sino restaurar la regla primitiva monástica en su grado inicial de recogimiento, pobreza, silencio y contemplación. Lo de la pobreza también se extendió a los aposentos, pues formaban el recinto humildes casas de piedra y barro.

Entraremos primero en la iglesia primitiva, hoy **capilla de San Pablo,** que corresponde no a la de la

B3
Convento de San José
Las Madres, 4.
920 222 127.
www.sanjosedeavila.es
Noviembre a marzo, de 10 h a 13.30 h y de 15 h a 18 h. Abril a octubre, de 10 a 13.30 h y de 16 h a 19 h. Abierto de lunes a sábado. Domingo, cerrado.
Entrada general: 2 €.

La plaza de Santa Teresa

Estamos en la plaza de Santa Teresa, que está formada por la fachada vigilante de la iglesia de San Pedro, la puerta del Alcázar –siempre abierta– y un trozo de muralla, un grupo de casas homogéneas con altos soportales de granito y, en el lado opuesto, un edificio moderno que quiebra la armonía del recinto. Completan el conjunto una estatua de la Santa situada casi en el centro de la plaza y otra junto a la muralla. Desde que actuaba como plaza de armas del Alcázar, este recinto ha visto pasar muchas páginas de historia. Presenció en 1474 los funerales de Enrique IV, celebrados con gran desfile de trajes negros; vio pasar el cortejo fúnebre que acompañó a don Diego de Bracamonte antes de ser decapitado en el Mercado Chico un 7 de febrero de 1592; contempló a comienzos del siglo XVIII a los reos que eran aquí ajusticiados. Ha visto también cómo los antiguos caballeros medían su destreza en justas, su habilidad con cañas, su valentía alanceando toros. Sintió esta plaza el estrépito de trompetas y tambores con que se acogió la proclamación de los Reyes Católicos y el goce no tan ruidoso de la representación de las obras de Lope de Vega en la cercana casa de Comedias. Hoy esta plaza vive su presente circunscrita al ámbito de la vida diaria. Es el centro del fragor ciudadano, lugar de cita y reunión, de charla y sobremesa, de paso y de paseo. Es el escenario donde se concentra el júbilo infantil, la osadía de los adolescentes, la efervescencia de los enamorados, la circunspección de las señoras que acuden después de misa a lucir sus galas dominicales y a tomar vermú. Y la algarabía de los vencejos que, volubles y tenaces, no cesan de tejer y destejer el aire.

ordenación de 1562, sino a otra que en 1579 mandó construir Francisco Salcedo. Tiene de interés una tabla castellana del siglo XVI que representa a san Pablo y la reja por donde comulgaba la Santa.

La **iglesia** principal se terminó de construir en 1615 y es obra de Francisco de Mora. Además de un pórtico de tres arcos, la **fachada** muestra la estatua de *San José con el Niño* acompañada de una hornacina y un pequeño frontón, y otro frontón posterior y más grande que abarca toda la fachada. El autor de la estatua es Giraldo de Merlo.

Interior de una sola nave, bóvedas de piedra arenisca y capillas en las que abundan rejas, tablas, sepulcros y retablos. Subrayaremos entre los **sepulcros** el **de don Alfonso de Mendoza**, situado a la izquierda del altar mayor, que posee abundante ropaje y una mitra soberbia por colocación y labra, y en la capilla de la Asunción las **estatuas orantes** de don Francisco de Guillamas, pagador mayor del rey, y de su esposa doña Catalina de Rois.

Debe visitarse con reposo el **Museo Teresiano** para poder contemplar objetos personales de la Santa, documentos epistolares, piezas artísticas y una reproducción de la celda.

▼ Puerta del Alcázar y plaza de Santa Teresa.

•••••••••

C3
Iglesia de San Pedro

Plaza de Santa Teresa.

920 229 328.

www.avilaturismo.com

Abierta antes y después
del culto. Misas: domingos
y festivos, 11.30, 12.30 y
20 h; laborables, 12 y 20 h;
vísperas de festivo, 20 h.

Entrada libre.

▼ Iglesia de San Pedro.

IGLESIA DE SAN PEDRO ✱

Es en la plaza del Ejército donde se alza la hermosa cabecera románica de la iglesia de San Pedro, que está formada por tres ábsides y una torre. Los **ábsides** son parecidos a los de San Vicente, pero menos esbeltos, y también poseen ventanas con capiteles, columnas adosadas y canecillos residuales. La **torre,** demasiado baja para la importancia histórica del templo, se hace acompañar de una sacristía añadida en el siglo XV.

La iglesia de San Pedro, cuya construcción se inició en el XII, es una de las más antiguas de Ávila y uno de los signos definitorios de la ciudad, sobre todo su **fachada oeste**, que se asoma a la **plaza de Santa Teresa.** Esta fachada exhibe dos robustos contrafuertes que enmarcan en su mitad inferior un haz de sencillas arquivoltas sostenidas por columnas audaces. Es una puerta poco abocinada, pero de mucho empaque. En la mitad superior sobresale un gran óculo románico-ojival abierto bajo la estatua de San Pedro. El santo bendice y el óculo mira el trajín de las gentes, la declinación del tiempo y el paso de la luz en las almenas. Las **portadas** norte y sur desvelan el estilo románico en su máxima pureza: capiteles de tema vegetal y arquivoltas con motivos geométricos y rosetas.

Saluda al visitante una **pila bautismal** gótica parcialmente policromada. Planta de cruz latina con tres naves y crucero. Cambia el color de la piedra en los pilares a partir del último tercio. En medio del crucero se dibuja un **cimborrio** de finales del siglo XIV. Capiteles con diversa decoración se muestran en lo alto. Retablo mayor barroco, realizado en 1715 por Rodríguez del Cárcano.

Conviene reparar en las dos **capillas** de la cabecera. En la **de la Inmaculada Concepción** se descubrieron en las última restauración diversas pinturas ocultas bajo los yesos, entre las que destaca la *Anunciación* situada junto a la ventana. En la **capilla de San Jerónimo** aparecieron en octubre de 2013 unos frescos del siglo XVI.

Varias obras de arte engalanan los muros de este templo notable: en mitad de la nave del evangelio se encuentra un **retablo** renacentista atribuido al maestro de Riofrío. Consta de cinco tablas con escenas de la vida y muerte de Jesús. Particular interés tienen las tablas de la *Anunciación* y de la *Natividad*.

Y en la nave de la epístola cuelgan las llamadas *sargas de San Pedro**, conjunto de 8 obras pictóricas atribuidas a Pedro Berruguete.

I IGLESIA DE SANTA MARÍA LA ANTIGUA E IGLESIA DE LA MAGDALENA

Frente a la fachada sur de la iglesia de San Pedro se levanta la de **Santa María la Antigua**, que formó parte de un antiguo monasterio de benedictinos dependiente de Valvanera. Un ábside románico, escondido por frondas y edificios, y una sencilla puerta del siglo XII es lo que conserva de ese estilo. La iglesia, de propiedad privada, ha sido tan restaurada que el interés artístico de su interior ha quedado ciertamente mermado. Con su presencia y magisterio, un busto de don Claudio Sánchez Albornoz trata de salvar del olvido este rincón.

A uno de los lados de la plaza de Santa Teresa se asoma la portada de la **iglesia de la Magdalena**, que fue hospital. Está tan emboscada que no es fácil descubrir varias arquivoltas desnudas y hasta cuatro capiteles: dos provistos de decoración vegetal y otros dos repletos de hombres y animales. Todo es del siglo XIII. El interior del templo pertenece al XVI. Arcos y columnas dividen en tres naves un espacio diáfano. Techumbres de madera. Grandes losas de granito cuadriculan el suelo. Un retablo barroco y una bóveda pintada en la capilla mayor.

C3
Iglesia de Santa María la Antigua

Esta iglesia forma parte del **convento de la Concepción,** inaugurado en 1633 en los lugares ocupados por el llamado hospital de la Magdalena. Al convento se entra por la calle de Nuestra Señora de Sonsoles, tras abrir una hermosa puerta con clavos y admirar una reja forjada en el siglo XVI.

PLAZA DE ITALIA

Forman parte de la plaza de Italia el palacio de los Serrano, la iglesia románica de Santo Tomé el Viejo y un caserón callado.

El **palacio** renacentista **de los Serrano** es sobrio de fachada y no posee más que una puerta muy grande, un balcón escueto y dos ventanas altas. Todo ello adornado con escudos de la familia, un penacho florido y dos leones rampantes. Un patio de columnas distribuye los espacios interiores de esta mansión hoy convertida en centro cultural perteneciente a la Fundación Ávila.

La **iglesia de Santo Tomé el Viejo** ha tenido usos diversos: fue parroquia coetánea de San Vicente y de San Pedro, templo de culto durante varios siglos, panera del Cabildo y garaje esclarecido. Hoy se ha convertido en ejemplo de cómo un edificio religioso puede integrarse en un discurso cultural.

Rebautizada como **Almacén Visitable del Museo de Ávila,** la iglesia de Santo Tomé ofrece la posibilidad de recorrer un atractivo itinerario entre lápidas, sepulcros, verracos, estelas funerarias, una reja conventual y un mosaico romano con dibujos geométricos.

También pueden verse sus portadas y los sillares de su fábrica. La **portada oeste** está oscurecida por una reja que no impide apreciar el trazo de las arquivoltas ornadas de rosetas ni el dibujo de los capiteles, que el tiempo ha ido quizás desvaneciendo. Sobre ambas, un rectángulo de rosetas trenza una leve filigrana románica bajo un óculo envidriado. La **portada sur** muestra capiteles apenas sujetos por el aire, pues las columnas han desaparecido. En las arquivoltas se van sucediendo figuras casi imperceptibles, pues han sido borradas por el tiempo.

Hay otro caserón, el que acogió al **convento de Santa Catalina,** que se asoma a la plaza exhibiendo su portada renacentista con un óculo donde mora la figura de la santa titular. Un escudo central y otro esquinero adornan la fachada. El convento, fundado en 1460, fue expropiado durante la Desamortización de Mendizábal.

· · · · · · · · · ·

⊚ B3

Palacio de los Serrano

🖂 Plaza de Italia, 1.

☎ 920 212 223.

🖰 www.fundacionavila.es

🕐 Invierno: lunes a viernes, de 10 h a 14 h y de 16.30 h a 20 h; sábado, de 10 h a 13.30 h y de 18 h a 20 h. Verano: lunes a viernes, de 10 h a 14 h.

🎟 Entrada libre.

· · · · · · · · · ·

⊚ B3

Almacén Visitable del Museo de Ávila (Santo Tomé)

🖂 Antigua iglesia de Santo Tomé el Viejo. Plaza de Italia, s/n.

☎ 920 211 003.

🖰 www.museoscastillayleon. jcyl.es/museodeavila

🕐 De octubre a junio: de martes a sábado, de 10 h a 14 h y de 16 h a 19 h. De julio a septiembre: de martes a sábado, de 10 h a 14 h y de 17 h a 20 h. Domingo y festivo, de 10 a 14 h. Lunes, cerrado.

🎟 Entrada gratuita.

▮ **CASA DE LOS DEANES Y MUSEO DE ÁVILA**   ✳

La plaza de Italia se interrumpe a la altura de Santo Tomé para dar paso a la plazuela de Nalvillos. Poco parece para un héroe medieval como el citado el hecho de que solo tenga plazuela y no plaza. La plazuela del héroe tan menoscabado se halla dominada por la fachada de la **casa de los Deanes,** así llamada por ser lugar de residencia de tales dignidades. Es un palacio de mediados del siglo XVI, hallándose escoltado por arbolillos y cadenas.

La **fachada** se ordena en dos alturas con columnas de capiteles en forma de zapata. Aunque visible la inspiración italiana, todo es granito y sobriedad, a excepción de los escudos y la crestería de conchas y pináculos imperfectamente salteados. Parece pequeño el **patio** en comparación con la longitud de la fachada y está formado por arcos carpaneles de ladrillo, sorprendentemente apoyados sobre columnas de granito. También de este mismo material es la balaustrada que circunda el piso superior.

Esta magnífica mansión ha pasado de ser residencia de deanes a albergar el **Museo de Ávila.** Su contenido, que se ciñe a la provincia, está estructurado en varias salas ordenadas cronológicamente, desde la prehistoria hasta el siglo XIX. Temáticamente, se divide en tres grandes secciones: arqueología, con material procedente de las excavaciones; bellas artes, con obras de los siglos XIII al XX; y etnología, con objetos, actividades y manifestaciones de una cultura popular casi extinguida.

🕐 B3
Casa de los Deanes.
Museo de Ávila
✉ Casa de los Deanes.
Plaza de Nalvillos, 3.
☎ 920 211 003.
🌐 www.museoscastillayleon.
jcyl.es/museodeavila
🕐 De octubre a junio: de
martes a sábado, de 10
h a 14 h y de 16 a 19 h.
De julio a septiembre: de
martes a sábado, de 10
h a 14 h y de 17 h a 20 h.
Domingo y festivo, de 10 a
14 h. Lunes, cerrado.
🎫 Entrada general: 1 €.
Gratuita sábados y domingos.

▼ Casa de los Deanes, sede
del Museo de Ávila.

◎ B3
Plaza de San Jerónimo y alrededores

▌RUINAS DEL CONVENTO DE SAN JERÓNIMO Y MANSIONES NOBILIARIAS

Antes de abordar la catedral conviene acercarse a las ruinas del **convento de San Jerónimo**. Ya se ve su espadaña desde la calle de doña Guiomar de Ulloa, vía urbana en la que se aconseja examinar la que fue **mansión** de la amiga de Santa Teresa. Luce un blasón con leones y concha jacobea, y esconde un patio. Aunque integradas en el discurso urbano y convertidas en una especie de parque, solo ruinas («pavesa», dice Ridruejo) halla el viajero que visita el convento de San Jerónimo. Ruinas de paredes y techumbres. Desde 1977, año en el que se vinieron abajo los muros de la iglesia, la espadaña sigue inútilmente en pie, resistiéndose a olvidar que pertenece a un lugar de oración fundado en 1553 y destruido en 1682 por un voraz incendio.

En la plaza, al inicio de la calle Candeleda, la **mansión de los Guillamas** muestra una portada con blasón circular insertado en alfiz. La casa, tras ser convento de Adoratrices, desde 2020 se ha convertido en un centro residencial para personas mayores.

En la calle Lesquinas hay otro edificio nobiliario que se conoce como **casa del conde Orgaz** (antes Lesquinas). Posee un gran alfiz que cobija un arco dovelado y dos escudos laterales. Finalmente en la calle Luis Lobera abre sus puertas la que fue **casa del regidor Antonio Navarro.** Guarda un precioso patio adintelado.

Guiados por milicia y clerecía, recorreremos la calle de San Segundo para leer las inscripciones de la **casa de Misericordia,** donde en una portada del siglo XVI aparece la imagen de san Martín ejerciendo la caridad con el reparto de su capa, o el rótulo de la **casa de las Carnicerías,** que luce tres bellos escudos de finales del XVI.

◎ f.p. (A2)
Casa de las Carnicerías
✉ San Segundo, 17.
Arco del Peso de la Harina.
☎ 920 211 387.
🌐 www.turismocastillayleon.com
🔖 En ella se encuentra la Oficina de Turismo de la Junta de Castilla y León y además es uno de los puntos de acceso a la muralla.

ITINERARIO INTRAMUROS

| PALACIOS EN LA PLAZA DE LA CATEDRAL

Se llega a la plaza de la Catedral después de atravesar la muralla por la **puerta del Peso de la Harina**, que mucho peso histórico debe soportar desde el siglo XV. La plaza está dominada por la mole mística y guerrera de la catedral, pero es superada en cuantía numérica por la presencia de tres palacios: el de Valderrábanos, el de los Velada y el del Rey Niño.

El **palacio de Valderrábanos** (siglo XV) perteneció inicialmente a Gonzalo Dávila, caballero que tuvo un comportamiento heroico en la toma de Gibraltar del año 1462 y fue premiado con los blasones (seis roeles y un león coronado) que sostiene el doncel de la portada, quien tempranamente se cobija bajo un arco trilobulado. Muestra también el relieve un yelmo con penacho y un estandarte moro donde brilla la medialuna.

La **fachada** conserva aún los ajimeces, algunos geminados. Al menos hasta 1974, una hermosa puerta de madera impedía el paso al interior del palacio. Hoy la puerta es de cristal, se abre bajo el dintel labrado y da paso a un establecimiento hotelero.

El **palacio de los Velada** planta su torreón en una esquina de la plaza y mira con cierto desafío a la torre de la catedral. Ya en la calle del Tostado, la altivez se concreta en la **puerta** adovelada, el arco conopial, la ventana con rejas y los diversos escudos. Por la primera se accede a un **patio★** renacentista de belleza cautivadora. La construcción se remonta al primer tercio del siglo XVI, siendo inicialmente propiedad del noble caballero Gómez Dávila y luego de los marqueses de Velada. En tiempos de su primer propietario se alojó en esta mansión Carlos I y su esposa, la emperatriz Isabel. Hoy, tras

**Muralla de Ávila
Accesos al Adarve**
▲ ver pág. 9.

⊙ B2
Palacio de Valderrábanos
✉ Plaza de la Catedral, 9.
🏨 Lo ocupa un hotel.

⊙ B2
Palacio de los Velada
✉ Plaza de la Catedral, 10.
🏨 Lo ocupa un hotel.

◀ Plaza de la Catedral.

▲ Palacio del Rey Niño.

🕐 B2-3
Palacio del Rey Niño
(Biblioteca)
✉ Plaza de la Catedral, 3.
🏠 www.avilaturismo.com

🕐 B2
Episcopio
✉ Plaza de la Catedral, s/n.
☎ 920 350 000.
🏠 www.avilaturismo.com
🕐 Martes a sábado (y festivo),
de 19 h a 21 h. Domingo, de
12 h a 14 h.

haberse llevado a cabo obras de restauración, se ha convertido en hotel.

El **palacio del Rey Niño**, así llamado porque en él pasó su infancia –o parte de su niñez– alguno de los reyes alfonsinos, probablemente Alfonso XI bajo protección del obispo don Sancho, fue residencia episcopal hasta 1775 y casa del célebre polígrafo Alonso de Madrigal, alias «El Tostado». La erección del edificio primitivo se remonta a los tiempos de fundación de la ciudad, habiendo sufrido varias reconstrucciones, sobre todo en el siglo XVI. Fue mansión de grandes proporciones y de ruina aún mayor. Mucho de lo que hoy se ve es obra de restauradores. En su fachada, una **ventana** esquinera se cobija bajo un escudo episcopal. El edificio, convertido en biblioteca pública y en oficina de Correos, comparte un solar donde se alza el **Episcopio**. Se trata de una de las construcciones más antiguas de la ciudad, utilizada quizás como sala de sínodos. Concentra los detalles de mayor interés en las saeteras y en la portada, realizadas ambas con piedra arenisca. Se utiliza como centro cultural.

⎮ LA CATEDRAL ✹✹
INTRODUCCIÓN

La catedral de Ávila es uno de los monumentos artísticos más significativos de la ciudad y, sin duda, un ejemplo perfecto de la idea que presidió su nacimiento como conjunto urbano y su desarrollo a lo largo de los siglos: la síntesis entre religión y milicia,

entre caballería y misticismo. Podríamos decir que en la arquitectura exterior predominan elementos más propios de fortaleza que de templo. La presencia del *cimorro,* la inserción de la catedral como parte del perímetro amurallado, la torre almenada y el hecho de que el templo estuviera hasta el siglo XVI bajo la jurisdicción del alcaide del Alcázar así lo manifiestan. Pero, una vez traspasado el umbral, es únicamente la religiosidad y sus símbolos quienes impregnan el ambiente, a pesar de la existencia de sepulcros donde duermen diversos caballeros.

Aunque existe cierta confusión en las fechas del inicio de la construcción y grandes dudas sobre los autores que intervinieron, últimamente se defiende la idea de que fue el maestro Fruchel quien, a finales del siglo XII, tenía preparados los planos y proyectos de las partes más antiguas del templo, es decir, el *cimorro,* la girola y la capilla mayor, que pertenecen al románico tardío.

Considerada la primera catedral gótica de España, su construcción se inicia a finales del siglo XII, o a comienzos del XIII, y acaba prácticamente en el XVI. Pertenecen al siglo XIII el primer cuerpo de las torres y las naves. Al XIV, el claustro, las bóvedas, la barbacana, algunos arbotantes y el resto de torres y naves. El último cuarto del siglo XV ve la finalización de las obras de fábrica y el año 1475 el encargo de un reloj mecánico a Juan Guas, siendo en el XVI cuando se terminan los últimos trabajos, fundamentalmente de decoración.

- B2
Catedral
- Plaza de la Catedral, 8.
- 920 211 641.
- www.catedralavila.com
- Entrada general: 8 €.

Subida a la torre
Grupos de 10 a 30 personas.
- Lunes a viernes: 12 h, 13 h, 17 h y 18 h. Sábado: 12 h, 13 h, 17 h, 18 h y 19 h. Domingo: 13 h, 17 h, 18 h.
- Entrada: 3 €.

PORTADAS Y TORRE

De toda la fachada norte destaca la llamada **puerta de los Apóstoles***, obra del siglo XIII, que fue trasladada en el XV por Juan Guas desde la fachada principal.

Subidos en columnas, doce apóstoles hablan, se preguntan por la levedad de tiempo y la ausencia de lluvia. Llevan libros en las manos, evangelios apócrifos, objetos de arte y de cultura que las tropas napoleónicas fueron amputando. Junto con las figuras de las arquivoltas forman una orquesta dirigida por la sagrada majestad de un Cristo que, desde el tímpano, imparte lecciones de civilización y compostura.

Las cinco arquivoltas recogen los tipos ciudadanos de la época: ángeles, músicos, santos, doncellas, vírgenes y menestrales, todos preparados para el Juicio Final o sorprendidos con sus símbolos e iconografías, con sus vestidos e instrumentos. En el **tímpano** hay varios ángeles custodiando al Pantocrátor en la franja central. Arriba, la Virgen es coronada en la cúspide del cielo. Y en el friso inferior se suceden las viñetas con escenas de la vida de Cristo.

La **fachada oeste** reúne múltiples conflictos, pues allí se mezclan estilos y siglos. Primeramente, la altura de las torres. O solo de la **torre**, pues la del sur nunca pudo crecer tanto como su hermana. La del norte es un prisma cuadrangular de varios cuerpos, robustos contrafuertes y 8 ventanas góticas. Mide 42,5 m y sus aristas llevan el consabido adorno de bolas.

Comprimida entre las torres, la **portada** ofrece en su parte inferior un grupo de columnas desnudas y arquivoltas muy pobres, quizá por el temor que inspiran los gigantes aposentados en las jambas de la puerta, de nombres Pierres y Caco. Sobre las arquivoltas se levanta una especie de retablo de piedra caliza blanca, presidido por el arcángel san Miguel y formado por las figuras de los santos típicos abulenses. Es obra del arquitecto Ceferino Enríquez de la Serna y se llevó a cabo en 1779. Más arriba, una ventana ojival deja pasar la luz hacia el interior del templo.

Conviene examinar las **cresterías platerescas** que, ejecutadas por Vasco de la Zarza y Pedro de Viniegra, coronan la calle de Cruz Vieja hasta su desembocadura en la **calle de la Vida y la Muerte.** Preside las alturas de la primera el rostro joven y atractivo de una doncella que, un peldaño más abajo, se convierte en calavera.

NAVES, CRUCERO Y VIDRIERAS

Una vez en el interior de la catedral, la impresión inicial es de sobrecogimiento ante la grandiosidad y la semipenumbra. Lo primero que se ve es el trascoro y su muchedumbre de imágenes. Luego se perciben los pilares, que se van abriendo poco a poco en busca de la luz de las vidrieras. Más tarde se definen las bóvedas en su altura, apreciándose el color dorado de sus nervaduras.

La nave central mide 28 m de alto y 10 de ancho, y está separada de las laterales por robustos pilares de tipo cluniacense. La luz permite vislumbrar los distintos tipos de arco y la composición de las bóvedas. Llegan las naves laterales aproximadamente a la mitad de la altura de la principal, estando sembradas de las habituales capillas fundadas por clérigos

▼ Catedral de Ávila.

CATEDRAL DE ÁVILA

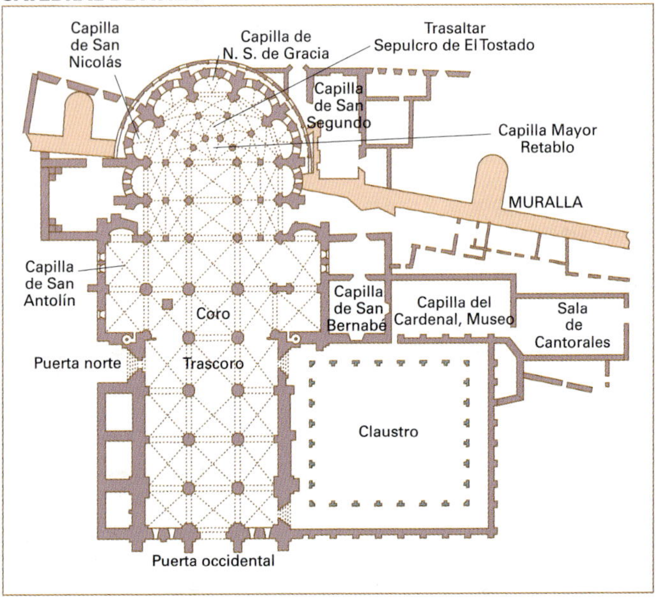

Capilla de San Nicolás

Capilla de N. S. de Gracia

Trasaltar
Sepulcro de El Tostado

Capilla de San Segundo

Capilla Mayor
Retablo

MURALLA

Capilla de San Antolín

Coro

Capilla de San Bernabé

Capilla del Cardenal, Museo

Sala de Cantorales

Puerta norte

Trascoro

Claustro

Puerta occidental

y nobles, todas con su séquito de imágenes, sepulcros y retablos. El **crucero** corta transversalmente la longitud extendida de las naves y se corona con grandes rosetones.

Y ya que hemos mencionado las **vidrieras,** diremos que la catedral poseyó una notable colección hasta que el terremoto de Lisboa de 1775 hizo saltar muchas de ellas en pedazos, sobre todo las situadas en su nave central. A pesar de la catástrofe, quedan algunas que conservan antigüedad y colorido. Las más remotas (finales del siglo XV) pertenecen a Juan de Valdivielso (vidriera de la capilla de Gracia, entre otras) y a Diego de Santillana (vidrieras del crucero). De Alberto de Holanda son las del hastial sur, que contienen imágenes de los doctores de la Iglesia, y las que en la capilla mayor representan a san Pedro y san Pablo. De su hijo y discípulo, Nicolás de Holanda, son los apóstoles situados en el friso inferior y otras que desaparecieron. Hay vidrieras platerescas en el presbiterio y en el ábside.

TRASCORO Y RETABLO DE SAN MARCIAL

El **trascoro** es la primera obra de arte que recaba nuestra atención. Es de Juan Rodríguez y Lucas

Giraldo, autores ya encontrados en anteriores retablos. El cabildo les encargó en 1531 este trabajo, que desarrolla diversos motivos relacionados con la vida de Jesús. En el friso superior, el de los grutescos, los cuerpos se retuercen mientras que en el inferior la gestualidad se centra en el movimiento de manteos y rostros. Las escenas centrales están llenas de un vitalismo visible en figuras y geometrías, en escenarios y símbolos. Toda la obra sobresale por la elegancia de las ropas, la perfección de las composiciones y el dinamismo de los cuerpos.

El **retablo de San Marcial** se sitúa al comienzo de la nave derecha. Es de finales del siglo xv o comienzos del xvi y está formado por seis tablas y predela. Escenas de la vida de san Marcial (tablas superiores) anteceden a otras de la vida de Cristo (inferiores). Debe reseñarse la riqueza y colorido de las ropas, además de los atisbos de recreación social expresados en personajes y escenarios.

▲ Trascoro.
▼ Capilla mayor.

CAPILLA MAYOR

Fue construida en la piedra arenisca policromada del valle de Amblés. En su parte superior, un grupo de ventanas ajimezadas iluminan, a manera de triforio, el retablo y la bóveda.

El **retablo de la capilla mayor*** es una obra verdaderamente notable. Tres artistas intervinieron en su realización: el palentino Pedro Berruguete y los italianos Santa Cruz y Juan de Borgoña. Ninguno de los dos primeros pudo terminar el trabajo, pues los sorprendió la muerte. Hay un cuarto artista, Vasco de la Zarza, pero este solo es autor del enriquecimiento del marco, que lleva tracería cairelada y cincelada y había sido iniciado por el maestro Roldán a finales del siglo xv.

Pedro Berruguete, tras pintar el retablo de Santo Tomás, recibió el encargo de realizar el de esta catedral. Puso manos y pinceles a la obra, mas no pudo acabar otras tablas sino la *Oración del huerto* y la *Flagelación*, situadas en el lado izquierdo, así como las de la predela, que contienen imágenes de cuatro doctores y cuatro evangelistas. Cuando estaba pintando la *Anunciación,* también ubicada al lado izquierdo, y la *Crucifixión*, localizable en la parte más alta del cuerpo central, le sorprendió la muerte. Era el año de 1503 y Castilla perdía a uno de sus artistas más insignes. Le sucedió el maestro italiano Santa Cruz, quien se encargó de los trabajos hasta 1508, fecha de su muerte. Tuvo tiempo de pintar la *Crucifixión,* la *Epifanía* y la *Resurrección*.

Para dar remate y feliz terminación a la obra, el cabildo contrató entonces al pintor italiano Juan de Borgoña, maestro de prestigio, que ya había demostrado su valía en otras catedrales. Además de terminar las tablas inacabadas de Berruguete y Santa Cruz, se encargó de la *Anunciación,* el *Nacimiento,* la *Bajada de Cristo a los Infiernos*, la *Presentación de Jesús en el templo* y la *Transfiguración.*

Aunque pudiera pensarse que está oscurecido por la calidad de las pinturas, merece citarse el **sagrario** de alabastro, obra de Vasco de la Zarza, y también la **puerta** del mismo, de plata repujada, trabajada en el siglo XVIII por el orfebre salmantino García Crespo.

CORO   *
Esta soberbia manifestación del arte renacentista pudo plasmarse en Ávila gracias al afán del cabildo por igualar –o superar– la fama conseguida por la sillería del coro vallisoletano de San Benito. Así pues, en 1535 encargó el coro a Cornelius de Holanda, que vivía entonces en Medina del Campo y gozaba de renombre como maestro entallador. Cornelius comenzó los trabajos en 1536 y los acabó once años después. Pidió la colaboración de Juan Rodríguez y Lucas Giraldo, pero el primero tuvo que ser reemplazado por Isidro de Villoldo, ya que murió antes de finalizar el encargo. Este último llevó a cabo el revestimiento de pilares.

Son muy notables los respaldos de la **sillería** alta y baja, que desarrollan escenas de santos y personajes del Antiguo Testamento. Mayor mérito artístico encierran los grutescos, ciertamente admirables, así como otros elementos ornamentales expuestos en las taraceas y en la cornisa alta. Figuras de padres, apóstoles y santos se mueven bajo las hornacinas.

La talla es perfecta hasta en el más mínimo detalle. Enmarcadas dentro de un excelente sentido plástico de las composiciones, las figuras poseen un elegante movimiento en ropas y ademanes. El coro se halla resguardado por una **reja** de 1760.

CAPILLAS DEL CRUCERO
En el hastial sur del crucero se encuentra la **capilla de San Ildefonso,** espacio que cobija sepulcros de Juan Guas y un retablo de finales del siglo XV obra de un maestro castellano cuyo nombre se desconoce. Destaca el sepulcro del deán Alonso González de Valderrábano quien, vestido con ropas de eclesiástico, sostiene un libro, y el de Pedro de Valderrábano, cuyo frontal, hecho con piedra negra

de Toledo, muestra el motivo casi indescifrable del mono encadenado que tira del pelo a una mujer velluda. A continuación, la **capilla de Santa Teresa** (antigua de San Blas) acoge los enterramientos de la familia Dávila. Sancho Dávila, caballero que murió en la toma de Alhama, tiene un paje sentado a sus pies que parece dormir o meditar. A su lado, el obispo de Sigüenza Blasco Dávila todavía no ha podido borrar de su cabello y su mitra los últimos restos de policromía.

En el brazo norte del crucero se abre la **capilla de San Antolín,** que posee un gran retablo renacentista tallado en 1551 por Isidro de Villoldo y otro de pintura (siglo XVI). A su lado, la **capilla de San Pedro** exhibe el retablo de San Pedro con el apóstol bendiciendo en su cátedra, obra hispano-flamenca atribuida a Fernando Gallego, y seis tablas que recogen imágenes de santas rodeando al arcángel san Gabriel.

GIROLA Y CAPILLAS DE LA GIROLA. PASADIZO SECRETO

La girola es la zona más antigua de la catedral, la que presumiblemente fue plasmada en planos por el maestro Fruchel. Es de dos naves y se va ciñendo al perímetro poligonal del ábside, apoyándose en las ocho columnas centrales y en los pilares adosados a los muros. Sobre las columnas se han subido capiteles decorados. Al recorrer la totalidad de la girola sorprende el movimiento de columnas, capiteles y bóvedas, la sencillez de los arcos levemente apun-

▼ Vista de la catedral desde el adarve.

Sepulcro de «El Tostado»

Frente a la capilla de Nuestra Señora de Gracia se localiza la joya artística de la girola y una de las piezas más notables de la catedral. Se trata del sepulcro de «El Tostado», trabajo plateresco en alabastro realizado por Vasco de la Zarza en 1518. El sepulcro de «El Tostado», que está enmarcado por dos columnas primorosamente trabajadas, parece más un retablo que un sepulcro.

En un primer plano aparece la figura de Alonso de Madrigal. Como está sentado y cobijado bajo una espléndida casulla, no puede adivinarse su verdadera estatura física. La intelectual la demostró más que sobradamente en sus libros y tratados. Trabajador infatigable aun hasta después de su muerte, se le ve como leyendo o anotando. Tal vez está cansado después de acumular tantas páginas escritas (se cuenta por biógrafos que tres pliegos al día).

En un segundo plano aparecen dos relieves: tras la cabeza del polígrafo, uno grande y circular que representa la *Adoración de los Reyes;* y otro más arriba, que contiene el *Nacimiento* y un grupo de caballos moviéndose. Se humilla a los pies del obispo la lauda del primitivo sepulcro, de estilo gótico flamenco y grabada en cobre.

▲ Detalle del sepulcro de *El Tostado.*

▶ Claustro de la catedral.

tados y el color de la piedra jaspeada, que introduce fantasías cromáticas.

Nueve capillas han sido abiertas en la línea semicircular de la girola. Todas ellas atesoran penumbra, sepulcros, imágenes, retablos. Destacaremos en la **capilla de San Nicolás** el sepulcro del obispo don Hernando, además de una urna que recoge limosnas para casar a doncellas huérfanas. En la **capilla de Nuestra Señora de Gracia,** situada en el centro de la girola, la luz que filtra la vidriera de Juan de Valdivielso ilumina un retablo de pinturas góticas y subraya los sepulcros laterales, los más antiguos de la catedral: el del obispo don Sancho Dávila, que vivió a comienzos del siglo XII, y el del chantre don Tacón.

Son también reseñables: la **capilla de la Piedad** (también llamada de la Blanca), situada a la izquierda nada más entrar y cerca de la pila bautismal, que se cierra por una reja renacentista y posee una escultura en mármol que copia la *Piedad* de Miguel Ángel y fue realizada en 1560 por Bautista Vázquez y la **capilla de San Segundo**, construida al lado del *cimorro* a finales del XVI gracias al impulso del obispo Manrique de Lara y los planos de Francisco de Mora.

No es posible dejar de mencionar el descubrimiento, hecho en el año 2010, del **pasadizo secreto** que une la cabecera catedralicia con el palacio

Episcopal y el Episcopio, lugar ocupado en el siglo XII por la casa-taller de Fruchel. Se trata de una galería subterránea que mide 2 m de alto y 0,75 m de ancho y se extiende a lo largo de más de 13 m.

PUERTAS, ALTARES Y PÚLPITOS

Deben reseñarse las hermosas **puertas de madera** que comunican la capilla de San Segundo con la catedral. Por ellas debió salir más de una vez Lope de Vega en los nueve años que fue capellán.

Dentro de las piezas notables que alberga la catedral, es necesario mencionar dos altares y dos púlpitos, todos visibles en el crucero. Los **altares,** de alabastro y estilo plateresco, están dedicados uno a san Segundo y otro a santa Catalina. Ambos están magistralmente ejecutados y ofrecen una decoración muy trabajada. Parece ser que el primero fue realizado por Isidro de Villoldo y Juan de Frías, y el segundo lleva la traza de Vasco de la Zarza, aunque fue terminado por Juan Rodríguez y Lucas Giraldo.

Los **púlpitos,** de hierro forjado y estilos diferentes, atesoran una belleza remarcable. El de la Epístola muestra filigrana del gótico flamígero; y el del Evangelio, relieves platerescos con motivos decorativos y figuras de evangelistas y santos. Se atribuye la autoría a Lloreynte –o Lorenzo– de Ávila, si bien en el segundo siguió el diseño de Vasco de la Zarza y del platero Ayala.

MUSEO CATEDRALICIO ✷✷

La que se conoce con el nombre de **primera sacristía** resulta ser la sala más antigua de la catedral. Se construyó en el siglo XII a la izquierda de la muralla y se cubrió su techumbre con una bóveda de medio cañón.

Tras franquear una bella puerta de nogal tallada por Vasco de la Zarza, se desemboca en la **capilla del Sagrario,** estancia engalanada con una bóveda del siglo XIII, de estilo cisterciense, que fue dorada en el XV. Una especie de armario muy ornamentado distribuye en sus puertas cuatro tablas del pintor Marcos Pinilla (finales del XV) que reflejan episodios de la vida de san Pedro Advíncula.

La **sacristía✶** (actual capilla de San Bernabé), es un espacio arquitectónico de gran valor artístico que se halla impregnado de recuerdos históricos. La original **bóveda de crucería✶** (siglo XIV) presenció cómo en 1468 la nobleza castellana ofrecía a Isabel I la corona de Enrique IV, cómo en 1521 se celebraba bajo sus nervios estrellados una reunión

de la Junta de Comunidades. Vieron también sus ojos cómo Isidro de Villoldo ejecutaba el **retablo de San Bernabé y de la Flagelación***, considerado por los expertos como una de las mejores obras en alabastro de toda Castilla; cómo Villoldo y Frías tallaban y esmaltaban en blanco los **grupos escultóricos** situados en los testeros; cómo se terminaban las cajonerías.

La sala contigua, construida en el siglo XV, se conoce con el nombre de **capilla del Cardenal**. Posee una notable colección de cuadros, tallas de diversos siglos, cristos de marfil, cruces, cálices, objetos litúrgicos, un sarcófago de obispo y un original conjunto de alabastros góticos ingleses de autor desconocido. Ocupa el centro de la sala la **gran custodia del Corpus*** labrada por Juan de Arfe en 1571. Tiene seis cuerpos y pesa casi 100 kilos de plata.

En la **sala de Cantorales** se conservan libros de temas musicales y de coro, con miniaturas de intenso colorido y ejecución muy esmerada.

CLAUSTRO   *****

Conviene detenerse en el claustro catedralicio, poblado de soledad y silencio. Se comenzó a construir en el siglo XIV y se acabó en el XVI. Las cresterías renacentistas son de 1505 y en ellas intervinieron Pedro de Viniegra y Vasco de la Zarza. Tiene bóveda de crucería, ventanales góticos, sepulcros inscritos en los muros, tres capillas y, desde 1984, los restos del historiador Claudio Sánchez Albornoz. A ellos se suman, desde el año 2014, los restos del expresidente Adolfo Suárez. Adornan las galerías del claustro una serie de obras de arte y objetos litúrgicos.

No abandonaremos el recinto catedralicio sin contemplar la **pila bautismal** de alabastro que, cerca de la puerta de salida, se ahoga tras unas rejas platerescas. Es del siglo XV, con pie renacentista labrado por Vasco de la Zarza.

ǀ CALLE DE LÓPEZ NÚÑEZ

La calle de López Núñez es pródiga en palacios. Nada más entrar por la puerta de San Vicente aparece en la plaza de Sofraga el **caserón de los Sofraga**. Es sobrio, alargado y se halla precedido de jardín. Tras la rehabilitación acometida en 2015, ha sido convertido en hotel y restaurante.

Conviene detenerse un poco más abajo, frente al **palacio de los Verdugo***, mansión de finales del siglo XV y comienzos del XVI. Fachada larga y oscura, formada por dos torres poco sobresalien-

· · · · · · · · ·

🕐 B2
Palacio de los Verdugo
✉ Calle López Núñez.
☎ 920 354 000.
🌐 www.avila.es
🕐 Lunes a viernes, de 9 h a 14 h y de 17 h a 20 h. Sábado, de 10 h a 14 h y de 17 h a 20 h. Domingo y festivo, de 10 h a 14 h.

tes y un cuerpo central que lleva puerta adintelada, escudos bajo alfiz con bolos (los escudos son de los Dávila y los Águila, y están enlazados por un cordón franciscano) y ventana ornada con jambas platerescas. Una cinta repleta de caracteres rodea la figura de un águila blasonada. Desde un ángulo, otro animal (esta vez un verraco granítico) hace la guardia de la casa.

Tras la última restauración, puede verse su interesante e inacabado **patio** de columnas, que extiende en el primer piso una galería de arcos con decoración floral y escudos nobiliarios. En el hueco de la escalera se esconde un espléndido artesonado. El palacio es la sede de las ciudades Patrimonio Mundial y alberga el Archivo Histórico Municipal.

Más abajo se levanta el **palacio de los Águila***. Fachada de granito y mampostería, sobria portada. Dos columnas rematadas por escudos acogen a otras dos más pequeñas, entre cuyo abrazo abre su dibujo una ventana. Un blasón familiar bendice las columnas y los huecos. La casa lleva muchos años siendo restaurada para convertirse en sede del Museo de Ávila y Prado extendido.

I CASA DE DON GASPAR DEL ÁGUILA Y PALACIO DE LOS BRACAMONTE

A la plaza Fuente el Sol se asoman la puerta del Mariscal, la casa de don Gaspar del Águila, el palacio de los Bracamonte y la cabecera de la capilla de Mosén Rubí. Puede verse desde la **puerta del Mariscal** (así llamada desde los tiempos de Juan II porque don Álvaro Dávila, mariscal de Castilla, vivía cerca) el perfil del monasterio de la Encarnación.

Ⓒ B2
Palacio de los Águila

Ⓒ B2
Casa de Don Gaspar del Águila y **Puerta del Mariscal**

▼ Patio del palacio de los Verdugo.

La **casa de don Gaspar del Águila,** que puede fecharse a mediados del siglo XVI, esconde parte de un patio de la misma época. Hasta 1994 acogió un convento de Paúles. Y en la actualidad alberga diversas delegaciones de la Junta de Castilla y León.

El **palacio de los Bracamonte*** sirvió desde sus inicios como mansión del mariscal de Castilla. Luego pasó a varias familias nobiliarias hasta convertirse en sede administrativa de la Junta de Castilla y León. Su exterior ha sido remozado, pero su interior guarda un **patio** de mucho interés y no poca belleza. Una primera galería con columnas ve nacer unos arcos que soportan otra galería superior, acristalada y definida por una barandilla que se adorna con blasones y dibujos geométricos. Como si fueran capiteles, cuelgan unos escudos borrosos en las enjutas de los arcos.

CAPILLA DE MOSÉN RUBÍ DE BRACAMONTE

La cabecera de la **capilla de Mosén Rubí de Bracamonte** es una mole puesta allí para vigilar el curso del sol y la permanencia del adarve. Este templo tiene dos fundadoras, dos patronos, dos estilos arquitectónicos y dos partes bien diferenciadas. Las fundadoras fueron doña Aldonza de Guzmán y su sobrina doña María Herrera, continuadora de la obra y ampliadora de la misma, pues lo que se concibió inicialmente como capilla se convirtió en colegiata. Y hasta se creó un hospital en unas casas contiguas. Los patronos fueron don Diego de Bracamonte y, más tarde, su hijo Mosén Rubí, quien se ha quedado con la titularidad para siempre.

Exteriormente se perciben con claridad los dos estilos: el gótico tardío de la cabecera y el renacentista de la nave, construida a menor altura y para reponer la parte quemada en el incendio de 1565.

A2
Palacio de los Bracamonte
✉ Plaza Fuente el Sol, s/n.
☎ 920 355 092.
🖰 www.jcyl.es

B2
Capilla de Mosén Rubí de Bracamonte
✉ Plaza de Mosén Rubí.
☎ 920 211 587.
🖰 www.avilaturismo.com
🕓 Martes a sábado, de 17 h a 19 h. Domingo y festivo, de 11 h a 13 h.
🎟 Entrada 1 €.

► Capilla de Mosén Rubí de Bracamonte.

▼ Parador de Ávila.

Dentro de la capilla, columnas pareadas sostienen un coro con bóveda renacentista mientras conducen al visitante hacia la planta de cruz griega instalada en la cabecera. Amplios espacios góticos y elegante bóveda de estrella. En el centro de la cruz se yergue el **sepulcro** en alabastro de doña María Herrera y su esposo don Andrés Vázquez, quienes reposan sobre un sarcófago de mármol. Las esculturas son de mediados del siglo XVI, no careciendo de interés el modelado de ropajes y rostros. En uno de los sepulcros de los hastiales del crucero descansa, anónimo y escondido, Mosén Rubí. Las pinturas del retablo situado en el altar mayor son de Diriksen y fueron terminadas en 1627.

I PARADOR, CONVENTO DEL CARMEN Y POZO DE NIEVE
En la calle del marqués Canales de Chozas se sitúa la antigua mansión de don Juan de Henao, regidor de Ávila, y más tarde casa de distintos propietarios y moradores, entre ellos la Guardia Civil. Fue también residencia veraniega del marqués de Benavites y, desde la década de 1970, **parador de Turismo** con el nombre de **Raimundo de Borgoña**. Construida su traza original a mediados del siglo XVI, fue reformada a comienzos de la centuria pasada, perdiendo entonces mucho de su sabor original al añadirle el torreón, las almenas, el matacán y los cubos de la fachada que se orienta al jardín.

Junto al parador y bajo la sombra de la espadaña se extienden los restos de lo que fue el próspero **convento del Carmen,** fundado en el siglo XIV como monasterio de Carmelitas Descalzos en el lugar ocupado por la iglesia románica de San Silvestre, tenida como una de las más importantes de la ciudad. Desde 1852, funcionó como cárcel provincial durante más de cien años. Tras una profunda rehabilitación, el antiguo convento del Carmen se ha convertido en el **Archivo Histórico Provincial**. Ya que estamos aquí, conviene visitar las llamadas **bóvedas del Carmen,** espacio habilitado en el interior de la puerta que guarda una exposición permanente. Con el título "Ávila, piedra sobre piedra" explica la historia del antiguo alcázar de la ciudad.

Se aconseja salir ahora por la citada puerta del Carmen para conocer la última atracción turística que Ávila brinda al visitante: el **pozo de nieve** adosado al cubo 38 del lienzo norte de la muralla, que estuvo funcionando desde el siglo XVI hasta mediados del XIX. Ha sido recuperado para su contemplación, tras excavar más de tres metros de profundidad y llegar hasta los cimientos de la cerca.

· · · · · · · · ·
🕐 A-B2
Parador de Ávila
✉ Marqués de Canales y Chozas, 2.
☎ 920 211 340.
🔗 www.parador.es

· · · · · · · · ·
🕐 A-B1-2
Convento del Carmen
Archivo Histórico Provincial
✉ Plaza Concepción Arenal.
☎ 920 221 690.
🔗 www.jcyl.es

· · · · · · · · ·
Bóvedas del Carmen
✉ Plaza Concepción Arenal.
🔓 Espacio abierto desde junio de 2022.
🎫 Entrada gratuita.

⏱ B1
Hornos postmedievales
✉ Marqués de Santo
Domingo, 15-17.
☎ 920 354 000.
🖥 www.avilaturismo.com
⏱ Sábado, de 10 h a 14 h y de
16 h a 18 h. Domingo, de 10 h
a 14 h.
💳 Entrada general: 1,50 €.

⏱ B1
Iglesia de San Esteban
✉ Conde don Ramón.
☎ 920 211 127.
🖥 www.avilaturismo.com
⏱ Martes a domingo, de 11 h
a 14 h y de 16 h a 19 h.
💳 Entrada libre.

❙ HORNOS POSTMEDIEVALES

De nuevo en la ciudad intramuros, la calle Marqués de Santo Domingo conduce a los hornos postmedievales, nuevo espacio de interés turístico abierto desde febrero de 2014. Allí se muestran los restos de unos hornos familiares, datados en el siglo XVI, que fueron utilizados tanto para la cocción de tejas y ladrillos como para la elaboración de cerámica. Aparecieron en 1995 durante unos trabajos de excavación arqueológica. Los hornos, de planta circular y techumbre abovedada, utilizaron en su construcción una doble hilera de ladrillos enfoscados con barro. Junto a los hornos se exhibe una colección de piezas de cerámica.

❙ IGLESIA DE SAN ESTEBAN

Si se sigue la calle del conde don Ramón, se puede visitar la iglesia de San Esteban, la más antigua de Ávila, pues pertenece al siglo XI. Mandada construir por el conde Raimundo de Borgoña sobre unas ruinas visigóticas, es el único templo románico intramuros. Conserva del XI su **ábside** casi desnudo, poblado solo con dos columnas adosadas y canecillos de escasa labra, y los grandes capiteles esquemáticos de la capilla mayor, entre los que sobresale uno con dos águilas o una sola bicéfala. Recorre la bóveda un insólito friso policromado.

Quizá lo más antiguo de la iglesia sea una escalera visigótica, tosca y de una sola pieza, que servía para subir al púlpito. El resto del templo, incluso la techumbre, fue reconstruido en el siglo XVI aprovechando en ocasiones materiales de la primitiva ermita románica. Altares desafortunados, la cal inevitable en las paredes y unas vidrieras mucho más voluntariosas que acertadas desvirtúan el sentido estético del interior, del que solo se salvan las **imágenes,** sobre todo una Virgen policromada (siglo XVI).

▼ Hornos postmedievales.

I BARRIO JUDÍO

Subiremos por la calle del Pocillo para ingresar en el antiguo barrio judío, que conserva una estructura urbanística formada por calles estrechas y zigzagueantes en las que se levantan casas bajas. Aquí se hacinó la población judía tras el decreto de segregación emitido por las Cortes de Toledo en el año 1480.

Recorriendo el entramado de vías urbanas, el viajero se topa, al llegar a la del Pocillo, con la portada de lo que fue la **sinagoga de don Simuel** y hoy es una vivienda particular. Muestra un alfiz cromático y dos arcos de ladrillo que se apoyan en jambas de granito. La citada es una de las tres sinagogas que hubo en la Ávila judía.

Frente al portillo de la Malaventura, que permitía el acceso directo a la judería desde el exterior de la muralla, se extiende el **Jardín de Moshé de León.** Se trata de una arquitectura ajardinada que, en su desnudez esencial, se asemeja a un jardín místico. En él se rinde homenaje a Moshé de León, rabino que vivió en Ávila a finales del siglo XIII y es autor del *Sefer ha-Zohar* o *Libro del esplendor,* texto de gran complejidad tenido como uno de los más importantes del misticismo judío. En el jardín se eleva un monolito que contiene unos versos del libro citado, que enlazan con la naturaleza espiritual y guerrera de la ciudad.

I PALACIO DE POLENTINOS ✳

La calle conde de Vallespín permite acercarse al **palacio de Polentinos✱,** que, antes de convertirse en el **Museo de Intendencia** a partir de 2011, fue residencia del general Navaliches y más tarde, del Ayuntamiento mientras se construía el actual edificio ubicado en la plaza del Mercado Chico.

El arte plateresco abulense despliega sus más bellos primores en la **portada✱** de esta mansión, construida a comienzos del siglo XVI y decorada a lo Vasco de la Zarza. El arco de medio punto que permite el acceso está adornado con palmas griegas y perlas, situándose en las enjutas dos sutiles medallones. Labra delicada también muestran los símbolos de guerra y los leones apostados en las columnas laterales. Más leones, esta vez alados, flanquean el escudo central que se localiza encima de la puerta, mientras que son águilas quienes sostienen los escudos de los lados. Una ventana, profusamente decorada en jambas y paramentos próximos, se abre bajo un repentino matacán, el cual tiene la virtud de moderar su ferocidad guerrera con una fina labra en modillones.

⊙ B2
Barrio Judío

⊙ B2
Palacio de Polentinos
Museo de Intendencia
✉ Vallespín, 19.
☎ 920 352 521.
🖥 www.ejercito.mde.es/
unidades/Madrid/ihycm/
Museos/intendencia-avila.
html
🕐 De lunes a viernes, de 10 h
a 14 h. Sábado, domingo y
festivo, de 10.30 h a 14.30 h
y de 16 h a 19 h.
🎫 Entrada gratuita.

▼ Palacio de Polentinos,
Museo de Intendencia.

El **patio★** consta de una galería de dos pisos (el superior, acristalado) y una serie de columnas que se rematan con unos capiteles de zapata en los que florecen los escudos. Una cornisa bellamente decorada recorre el perímetro completo en compañía de una frugal balaustrada.

Detrás de la mansión se levanta, bella y enigmática, la portada isabelina de lo que fue el antiguo **hospital de Santa Escolástica.** Dedicado a la curación de enfermedades venéreas, fue fundado por el deán don Pedro López de Calatayud. En el parteluz de unos arcos diáfanos, la imagen de la *Virgen con el Niño* celebra su reciente rehabilitación. El maestro Pedro de Viniegra hizo la portada de la iglesia en 1506.

❙ MANSIÓN DE NÚÑEZ VELA

La **plaza de la Santa** es un atractivo conjunto formado por el lienzo de muralla, que se abre precisamente en este punto, el palacio de don Blasco Núñez Vela, virrey del Perú, y la fachada del convento de la Santa.

La **mansión de Núñez Vela,** habilitada como palacio de Justicia, fue mandada construir en 1541. Luce sobria **fachada** con gran puerta adovelada. Vigilan el acceso unas esbeltas columnas rematadas por los escudos de la casa. Dos filas de ventanas abren huecos enrejados para que quede presa la luz tras los cristales. El **patio★** rezuma una belleza quieta, frugal y granítica. Galería alta y baja. Un amplio arco carpanel custodia el flujo humano conducido por una escalera que dibuja en la techumbre un **artesonado** visible también en el zaguán.

🕐 B2
**Palacio de Núñez Vela
(Audiencia Provincial)**
✉ Plaza de la Santa, 2.
☎ 920 229 990.

▼ Portada del Hospital
de Santa Escolástica.

VISITA A I ÁVILA

CONVENTO DE LA SANTA

El convento de carmelitas descalzos, conocido comúnmente como convento de la Santa, se levanta en el solar que ocupaba la mansión de los Cepeda. En ella nació Santa Teresa. Las obras monacales comenzaron en 1631 y fueron impulsadas por el conde-duque de Olivares, de tal manera que en 1636 los frailes ya ocupaban las estancias. La **fachada** principal encierra arcos, escudos, ventanas, hornacinas, espadañas y un frontón con pináculos, pero no se aprecia falta de armonía en la composición.

El interior está lleno de cal y de recuerdos. Hay tallas de Gregorio Fernández –o de su escuela– en altares y retablos. Quizás la más emotiva sea la de *Cristo atado a la columna,* imagen de notable dinamismo. En cuestión de pintura destaca un lienzo (anónimo, siglo XVII) con imágenes de Jesús sostenido por la Virgen.

La **capilla de Santa Teresa** se halla decorada por altares que desvirtúan su sencillez de espíritu y su mesura de hábitos. No sabemos si tanta exaltación apologética sería de su agrado. No obstante, flota en el ambiente un aroma sutil de pétalos, como si el efluvio de su santidad perfumara todavía el ámbito de lo pagano. En la llamada **huerta de Santa Teresa** una yedra trepa por las paredes de un patio reconstruido con fontana e imágenes.

En los bajos del convento se ha instalado el **Museo de Santa Teresa** aprovechando una cripta que esconde arcos y bóvedas de ladrillo. Un conjunto de obras artísticas, libros, objetos, documentos e imágenes permite adentrarse en la infancia y juventud

· · · · · · · · ·

B2
Convento de la Santa
y Museo de Santa Teresa
- Plaza de la Santa, 2.
- 920 220 708.
- www.museosanta
  teresa.com
- De abril a octubre,
  de 10 h a 14 h y de 16 h
  a 19 h; de noviembre a
  marzo, de 10 h a 13.30 h
  y de 15.30 h a 17.30 h.
  Cierra lunes.
- Entrada general: 2 €.

▼ Convento de la Santa
en la plaza del mismo
nombre.

Paseo del Rastro

Antaño frecuentado por tocas y sotanas, es hoy recorrido por todo tipo de abulenses. Sobre todo, en las tardes soleadas de invierno, cuando la cerca almenada recoge la caricia del sol y protege del cierzo. Pisan las losas jubilados que protegen su cabeza con una gorra de fieltro y señoras abrigadas con todo género de paños y pieles. Y hasta niños inquietos escalan los bloques de granito que conforman la cimentación de la muralla.

Entre gritos de escolares y rumores de conversación, las miradas se tienden sobre el valle de Amblés calculando cuánta superficie están robando al campo las nuevas construcciones. Los ojos pasean entre piedras berroqueñas, ladrillos mudéjares, torres de iglesia y una línea de montañas que nunca se doblega y siempre marca el límite de la ambición y del ensueño.

Desde el paseo se ve la espadaña que corona el convento de Gracia y la torre de Santiago, que surge como una flecha de granito disparada hacia la altura. Y más allá del paisaje de grúas y de antenas, al final de la geometría de fachadas y tejados, se muestra la extensión horizontal del campo y la frontera de las sierras que marcan la última pincelada de color en la llanura.

de la religiosa, y conocer sus trabajos fundacionales y su dimensión andariega y escritora. También se muestra la vigencia que, a lo largo de los siglos, mantiene su obra y su mensaje.

❚ CASA DE LOS ALMARZA Y CASA DE LOS SUPERUNDA
La calle Madre Soledad pone en contacto con la **plaza** siguiente, la **del Corral de Campanas,** donde conviven dos mansiones y una estatua.

Antes de llegar a la plaza conviene detenerse a examinar la fachada de la **casa de los Almarza,** ocupada por las Siervas de María. El interior de este palacio gótico-renacentista carece de interés artístico a causa del exceso de reformas, pero su **portada★** es preciosa. Un alfiz muy envolvente, de dos cuerpos, da cobijo a una ventana con arco conopial, dos escudos de los Almarza y un puñado de grandes dovelas. No puede pedirse más contención a la belleza.

La **casa de los Superunda** está adosada a la anterior. Construida en la segunda mitad del siglo XVI por orden del regidor Ochoa de Aguirre, perteneció después al conde de Superunda. Es un sólido palacio renacentista con influencias italianizantes. Dos torrecillas se levantan sobre el cuerpo central de la fachada, que se ordena mediante una hilera superior de balcones y otra inferior –e incompleta– de ventanas. La teórica posición de la tercera ventana está ocupada por una gran puerta adintelada. Posee patio adintelado, del que surge la escalera principal, y salones con artesonados.

El palacio brinda la posibilidad de contemplar la **colección de Guido Caprotti★,** pintor italiano instalado en Ávila desde el año 1917 y vinculado a la ciudad. Además de tapices y restos del mobiliario utilizado por el artista cuando vivía en el palacio, el visitante puede admirar retratos de tipos populares y escenas típicas de la urbe y la provincia, sin desdeñar figuras cosmopolitas o incluso desnudos. Acompañan a los cuadros una veintena de esculturas realizadas por Óscar Caprotti, hijo del pintor, además de dos retratos de Sorolla.

▲ Sala de la Colección Guido Caprotti, en el palacio de los Superunda.

○ B2
Casa de los Superunda y **Colección de Guido Caprotti**
✉ Plaza Corral de las Campanas, 3.
☎ 920 354 000.
🖰 www.avilaturismo.com
◷ De abril a octubre, de 10 h a 20 h; de noviembre a marzo, de 10 h a 18 h. Cierra lunes, excepto julio y agosto.
🎫 Entrada general: 3 €.

⏾ B2
Torreón de los Guzmanes
✉ Plaza Corral de las Camapanas.
☎ 920 357 102.
🌐 www.diputacionavila.es
🕐 De martes a sábado de 11 h a 14 h y de 17 h a 20 h, domingos y festivos de 11 h a 14 h.
🎟 Entrada libre.
ℹ Actualmente es sede de la Diputación Provincial de Ávila. En las antiguas caballerizas se ha instalado la exposición permanente **Vetonia: cultura y naturaleza**.

I TORREÓN DE LOS GUZMANES ✱

El torreón de los Guzmanes es una de las más conocidas mansiones abulenses. Construida a comienzos del siglo XVI en estilo gótico-renacentista, perteneció a la familia Oñate, más tarde a la condesa de Crescente y después a la Diputación Provincial, que lo usa como sede administrativa. El soberbio torreón, que domina el resto del palacio hasta el punto de haberse apoderado de su nombre, se corona de almenas, protege la puerta de entrada con un fiero matacán y otea los aires por las cuatro atalayas saledizas. Grandes dovelas enmarcadas en alfiz convergen en el medio punto de la puerta por donde se entra a un **patio** sobrio y austero, compuesto de 12 arcos, columnas blasonadas y doble galería, y a unas estancias superiores adornadas con artesonados mudéjares.

La **estatua** que en la plaza Corral de Campanas convive con varios palacios pertenece a san Juan de la Cruz. De bronce y de espaldas al materialismo no dialéctico de la Delegación de Hacienda, parece que mira a lo etéreo por encima del torreón. Y ora. O quizá solo musita alguna estrofa mística, desafiando el poderío de las torres que ayer fueron ilustres y hoy deben rendirse ante la fuerza de una silva.

⏾ B2
Palacio de los Dávila

I PALACIO DE LOS DÁVILA ✱

Para rematar el asunto de palacios, procede arribar a la mansión de los Dávila, que es tan grande y de tanta prosopopeya que necesita ocupar una manzana.

Está formada por cuatro casas, siendo la más antigua (siglo XIII) la más cercana a la muralla. Luce huecos con ventanas estrechas y esconde algo de misterio tras los ajimeces. La contigua es del XIV y se advierten en ella rúbricas moriscas. Se puede entrar

▼ Palacio de los Dávila.

a estas mansiones (si lo permite la autoridad eclesiástica, ya que pertenecen al palacio Arzobispal) por una puerta ojival o por otra adintelada.

Las otras dos casas que se orientan al norte muestran no poca arrogancia y poderío, manifestado en las grandes dovelas, las almenas levantadas, los aguerridos matacanes. El punto de delicadeza lo ponen las ventanas ajimezadas, detrás de las cuales solo el vacío se insinúa; el altorrelieve flanqueado por heraldos trompeteros que presentan el escudo de la familia; y una ventana renacentista y legendaria. Esta ventana fue primero puerta, construida como respuesta a la orden de cierre de una poterna que uno de los Dávila había abierto en la muralla. La leyenda, mandada inscribir en 1541 por don Pedro Dávila, dice en letras rojas que «Donde una puerta se cierra otra se abre».

PLAZA DEL MERCADO CHICO

Si un día dan en escaparse los verracos ibéricos que pacen en el patio del palacio de los Dávila, seguro que seguirán la calle de los Caballeros hasta llegar a la plaza del Mercado Chico, para allí poner a la venta su antigüedad histórica en el mercado de los viernes. La plaza responde a los modelos conocidos de recinto rectangular con soportales, pero no deja de tener cierto sabor el conjunto de arcos, columnas y balcones, y un punto de originalidad el lado que tiene el cielo por techumbre y a la iglesia de San Juan Bautista por guía espiritual y consejero eclesiástico.

La **iglesia de San Juan Bautista** ofrece al norte una panda de soportales vanos y la mole de la torre; al este, una crestería plateresca con escudos de armas de su fundador, don Sancho Dávila; y al oeste, buenos sillares graníticos, sobre los que un óculo mide la luz de los crepúsculos. El interior es de un gótico también granítico, una sola nave y capillas laterales, abiertas en los costados y dando la impresión de que fueran falsas naves. Interesante la fantasía gótica de las bóvedas.

Nada más entrar, a la izquierda del templo, puede verse la **pila bautismal** y gallonada donde fue bautizada Teresa de Cepeda y Ahumada, cuya imagen, iluminada en la penumbra gótica del templo, preside las ceremonias y el recuerdo. Más adentro, junto al Evangelio y a orillas del retablo, destaca el **sepulcro** del fundador de la iglesia, don Sancho Dávila, héroe renacentista de la guerra. En el otro extremo del mismo, apesadumbrada por tanta heroicidad, reposa la esposa doña Catalina López Gallo, mientras que los descendientes lo hacen en la cripta que se

· · · · · · · · · ·

🗺 B2
Iglesia de San Juan Bautista
✉ 920 211 127.
🌐 www.avilaturismo.com
🕐 Abre antes y después del culto. Misas: domingos y festivos, 12 h; laborables, 10 h y 19.30 h. Verano, 20 h.
🎫 Entrada libre.

▼ Torreón de los Guzmanes.

esconde bajo el altar mayor, dentro de sepulcros que carecen de valor artístico.

Desde 1865, en la panda norte se halla el edificio del **Ayuntamiento,** palacio isabelino con dos torrecillas superfluas, balcones alineados y un reloj que mide los latidos del tiempo.

No conviene abandonar la zona sin antes reparar en el caserón que se levanta frente a las escaleras de la iglesia de San Juan Bautista. Acogió en el pasado la **posada de la Estrella,** que tuvo propietarios judíos. En el patio de columnas se conserva un capitel decorado con las características roelas.

Ya en el camino de regreso, se aconseja visitar en la calle de los Reyes Católicos la **capilla de las Nieves.** En vía de mucho movimiento mercantil, de tráfico de gentes, la fachada, provista de puerta adovelada, altorrelieve y espadaña, pasa casi desapercibida. Hay que pararse. Hay que entrar en este pequeño edificio del siglo xv, donde residieron las monjas clarisas de las Gordillas, para ver la bóveda de crucería y la imagen de *Nuestra Señora de las Nieves,* de mármol policromado, obra de Lucas Giraldo y Juan Rodríguez. Es escultura de mucha corpulencia, así como los ángeles, pero su magnitud queda absorbida por la exaltación barroca del retablo. Quizás sea necesario recordar que esta capilla fue construida en el solar donde se alzaba la **sinagoga de Belforad.** Junto a uno de los muros de la capilla se abre un callejón que permitía acceder a la hospedería la Sinagoga, hoy cerrada. El establecimiento ocupa la **casa del Rabino,** lugar donde son visibles algunas referencias hebraicas.

· · · · · · · · · ·

⏱ B2
Capilla de Nuestra Señora de las Nieves
✉ Reyes Católicos.
☎ 920 211 000.
🌐 www.avilaturismo.com
🕐 De 7 h a 13 h y de 17 h a 21 h.

▶ Templete de los Cuatro Postes.

▼ Plaza del Mercado Chico con la fachada del Ayuntamiento al fondo.

Desde los Cuatro Postes

Desde los Cuatro Postes la ciudad, antes del alba, se ve como bañada por un silencio pétreo. Aún no se aprecia bien la línea de murallas: solo algunos volúmenes se insinúan dentro del recinto, que la luz del alumbrado tenuemente define, todo recogido en sí mismo, todo silencioso y apretado, como si las piedras estuvieran todavía rezando. Cuando el alba se insinúa, se apagan las luces interiores. La claridad va haciendo despertar de su letargo a las piedras calladas y se posa sobre el cinturón amurallado, se cobija en los patios, trepa por los arcos y se instala en torres y espadañas.

Ya con luz adulta, la ciudad muestra su coraza guerrera de ocho siglos, preparada para salvaguardar sus interiores de la frivolidad de nuestro tiempo. Es la imagen áspera y granítica de una ciudad que se defiende, que se arma de lentitud y silencio, que no puede ser conquistada por la superficialidad o por la prisa, pero que se rinde complacida ante la exigente mirada del viajero.

Con la luz de la tarde, la ciudad también exhibe la crestería de torres, cúpulas y espadañas. Pero, sobre todo, subraya la presencia de su zona oeste, que no alberga palacios renacentistas ni patios deslumbrantes, sino las casas bajas y sencillas del que ayer era morisco o menestral y es hoy empleado o funcionario. Poco se ha dicho de esa mitad sombría de Ávila, casi oscurecida por la otra mitad monumental. Muy poca gente transita por sus calles y, desde luego, casi ningún turista. Solo aquél que tiene aquí su casa y quien encuentra belleza en las fachadas sin blasones, en la pureza de la cal o en las tejas situadas a una altura alcanzable.

OTROS LUGARES DE INTERÉS

I LOS CUATRO POSTES

Es también lugar teresiano, pues aquí fue detenida la Santa cuando, siendo niña y estando inflamada de ansias redentoras, huía de casa con su hermano Rodrigo con la intención de llegar a tierras de infieles.

El **templete,** construido en 1566 por Francisco de Arellano, está formado por cuatro columnas dóricas y arquitrabadas mediante una cornisa decorada con el escudo de Ávila, en cuyo centro se alza una cruz de granito. Es un excelente mirador desde el que se contempla parte del recinto amurallado y el conjunto de torres y espadañas que definen el perfil de la ciudad.

I SANTUARIO DE NUESTRA SEÑORA DE SONSOLES

En un cercano y pedregoso collado situado junto a la carretera que conduce a El Tiemblo se levanta el santuario de Nuestra Señora de Sonsoles. Está formado por la ermita de finales del siglo xv mandada construir por doña María Dávila, por una arboleda con fuentes y pájaros, por la casa del capellán, unida

🔘 f.p. (B1)
Los Cuatro Postes

🔘 f.p. (D4)
**Santuario de Nuestra
Señora de Sonsoles**

a la iglesia por un arco sobre el que se asienta una espadaña, y por la casa del santero. Se entra en el recinto tras pasar bajo un arco herreriano en el que brillan dos soles de granito. Debe decirse que, desde el legendario descubrimiento de la imagen en el año 1080 hasta los tiempos actuales, el culto a Nuestra Señora de Sonsoles ha ido arraigándose profundamente en Ávila. Todavía hoy se saca en procesión a la imagen para implorar el don precioso de la lluvia. Muy vistosas son sus romerías.

El llamado *Cristo de la Buena Muerte,* imagen gótica donada en 1991, un cocodrilo que reposa en la entrada y una carabela que surca mares de penumbra son los elementos más destacados del conjunto, además del camarín de la Virgen y los dos soles que relumbran en la clave de la bóveda.

Llama la atención del visitante una curiosa **pila bautismal★** policromada que presenta diversos motivos labrados en sus caras.

CONVENTO DE SAN ANTONIO

⓪ A4
Convento de San Antonio

En el extremo de un parque, junto a la calle de la Sierpe, se levanta, asomado a los álamos, el convento de San Antonio. Fue fundado en 1577 y habitado a partir de 1583 por monjes franciscanos que pertenecían a la reforma de san Pedro de Alcántara. A muy poco se reduce lo que en la actualidad queda de entonces.

El águila campea en el hueco del frontón de la fachada, pero su revoloteo no alcanza la altura de la graciosa y repintada cúpula que corona la capilla

▶ Centro de Congresos y exposiciones Lienzo Norte de Ávila.

aneja. Es la **capilla de la Virgen de la Portería,** construida en 1731 por Pedro de Rivera para rendir culto a la imagen de una Virgen milagrera. De planta hexagonal, lleva una linterna cilíndrica y un alegre cupulín. El espacio interior de la capilla está adornado de manera muy armónica: cuadros, imágenes y retablos. También están dispuestos ángeles lampareros y grandiosos espejos venecianos.

La imagen de la *Virgen de la Portería* puede verse pintada en azulejos en el zaguán del convento. Ya que esta advocación está tan presente en San Antonio, conviene explicar que el sobrenombre le vino a la Virgen por haber sido colocado un cuadro con su figura en la portería monacal. Dicho cuadro fue encargado por fray Luis de San José, franciscano que en 1719 se encomendó a la Madre de Dios para ser socorrido en una gran tormenta que inundó las tierras de la huerta y anegó el edificio.

I ÚLTIMOS PUNTOS DE INTERÉS

Conviene reseñar los últimos puntos de interés que han surgido en Ávila: el **palacete de los Nebreda,** uno de los mejores ejemplos de la arquitectura burguesa de comienzos del siglo xx; la **iglesia del Inmaculado Corazón de María,** que incluye en su fachada una portada románica; el **Centro de Congresos y Exposiciones Lienzo Norte,** nuevo espacio multifuncional que se sitúa frente al lienzo norte de la muralla; y la nueva **Estación de Autobuses,** que, desde marzo de 2014, sobresale como un espacio arquitectónico de signo vanguardista.

A1
Centro de Exposiciones
y Congresos Lienzo Norte

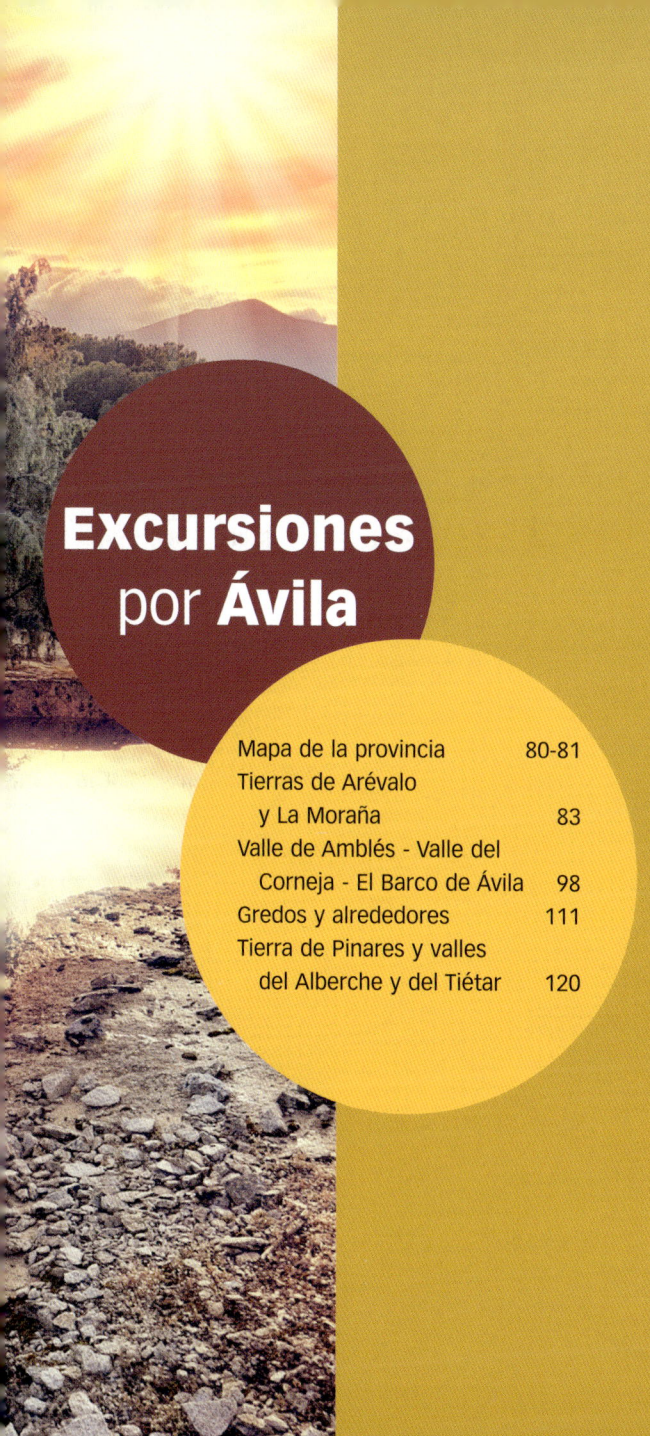

Excursiones
por **Ávila**

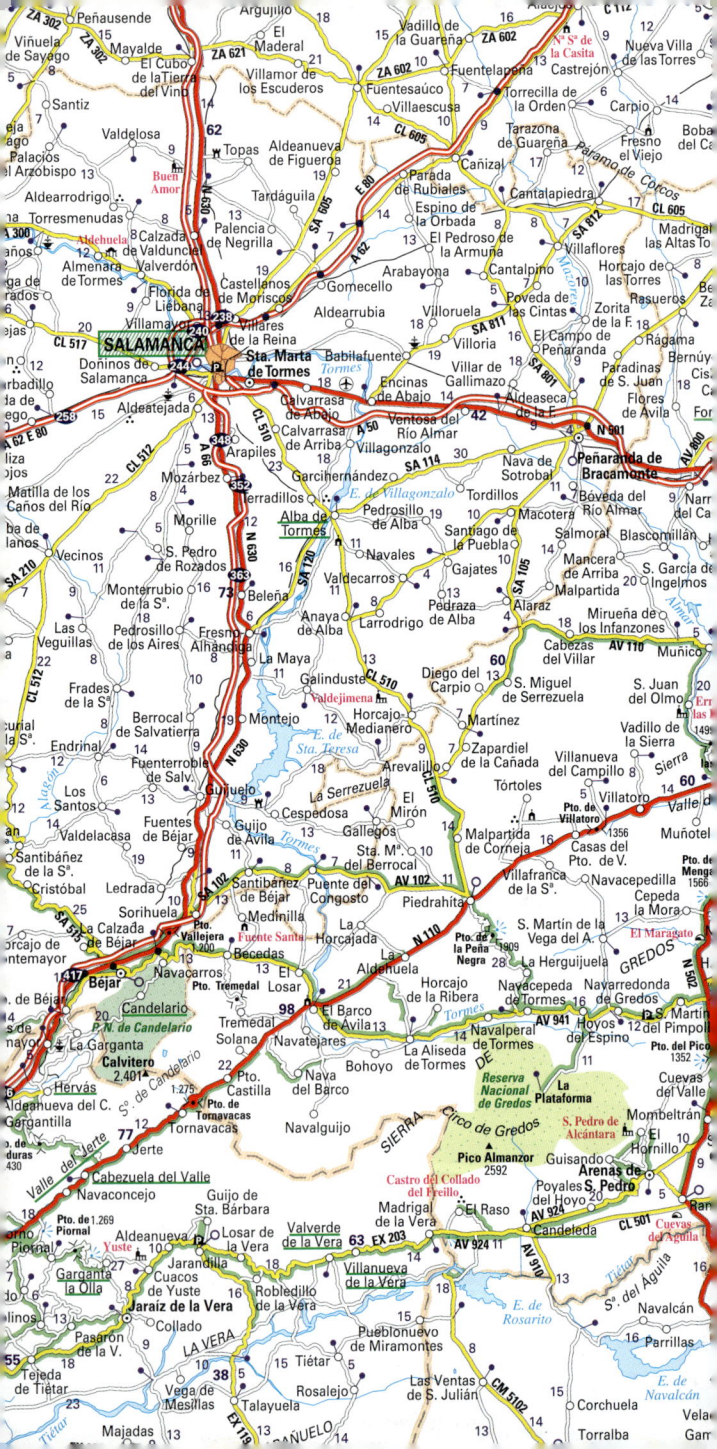

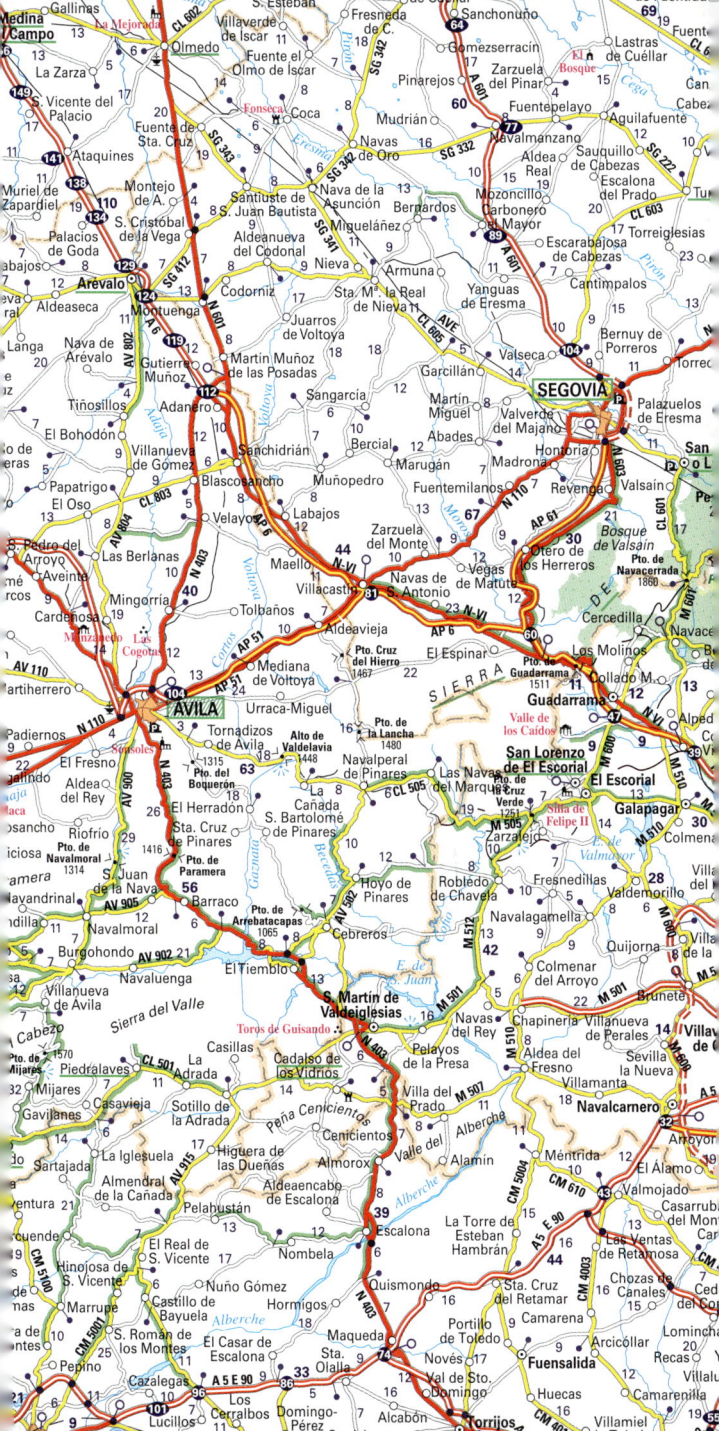

La provincia de **Ávila**

La provincia de Ávila, que se extiende a lo largo y ancho de 8.048 km^2, está inscrita en la Comunidad Autónoma de Castilla y León, siendo la más meridional de las nueve provincias que la integran. Dos partes bien diferenciadas pueden señalarse. En la mitad norte se extiende la comarca formada por la Moraña y la Tierra de Arévalo, que alcanza alturas medias situadas entre 750 y 950 m sobre el nivel del mar. Es una zona horizontal y se identifica con la visión prototípica de una Castilla de surco y cereal. La mitad sur es pura serranía. En la sierra de Ávila, primera formación montañosa, se alcanzan cumbres de 1.500 m. A continuación, en la Serrota y en la sierra de la Paramera, llegan hasta los 2.000 m y se sobrepasan los 2.500 en la sierra de Gredos. Valles amenos se intercalan en las fosas tectónicas.

Tierras de Arévalo y La Moraña

Saldremos de Ávila capital con la intención de recorrer un itinerario cuyos puntos principales serán Arévalo y Madrigal, sin olvidar Fontiveros, donde recalaremos para ver si por el solo hecho de pasar por la cuna de san Juan de la Cruz acertamos a entender algo de mística o algo se nos pega del don casi supremo de hacer versos.

CARDEÑOSA

Como preludio del viaje pasaremos por Cardeñosa, que se halla a unos 12 km de la capital. Un poco antes de llegar se insinúa un desvío por un carril de tierra que conduce al **castro** celta **de las Cogotas** (700 a. C.-200 a. C.).

Se aconseja detenerse en Cardeñosa para admirar las bellas **casas de granito,** la interesante iglesia parroquial y el aula arqueológica. Y también para comprobar si todavía se perciben los ecos fúnebres de la muerte del infante don Alfonso, hermano de Isabel la Católica e instrumento de los nobles rebeldes contra el rey Enrique IV, que fue afrentado ante las murallas de Ávila en ceremonia grotesca. Se conserva la fachada de la casa donde el príncipe murió.

El **templo parroquial*** guarda un artesonado mudéjar, varios retablos barrocos de buena factura y el retablo mayor, obra tallada en 1535 por Pedro de Salamanca y Blas Hernández, y dorada y policromada en 1576.

Planificación de las excursiones

Se proponen a continuación **4 excursiones** por la provincia de Ávila.

El **mapa de carreteras** que abre esta sección (págs. 80-81) será de mucha utilidad para planificar los desplazamientos.

Las estrellas (* o **/ * o **) hacen referencia a la importacia o especial mérito natural, artístico o histórico de los lugares mencionados en este capítulo.

▼ Castro de las Cogotas.

**Aula Arqueológica
del Castro de las Cogotas**
✉ María Vela, 1. Cardeñosa.
☎ 920 260 001.
🖰 www.cardenosa.es
🕐 Lunes a domingo, de 10 h a
14 h.

Palomar de Santa Teresa
🖰 Interesados en visitar el
palomar, llamar a
608 742 063 / 679 080 570.

**Museo Lopez Berrón, Arte
y Etnografía**
✉ Plaza de Santa Teresa, 4.
Gotarrendura.
☎ 671 033 803.
🖰 www.lopezberroneugenio.
com

🛈 **Oficina de Turismo
de Arévalo**
✉ Arco del Alcocer, s/n.
☎ 920 301 380.
🖰 www.ayuntamiento
arevalo.es

El **Aula Arqueológica Castro de las Cogotas** comenzó a funcionar en 2009 y constituye un resumen de la significación e importancia del yacimiento. En el recorrido se subrayan los hallazgos más destacados: los adornos representativos (la fíbula zoomorfa de caballito) y los cuatro verracos de granito.

GOTARRENDURA

Gotarrendura es un pueblo de raíz vasco-navarra que se ubica a unos 10 km de Cardeñosa. En él hay un palomar, un museo de arte y etnografía, un potro de herrar, un lagar y dos fraguas y el llamado Mirador de las Estrellas. El **palomar de Santa Teresa** es el que la Santa frecuentó cuando era niña, pues se encuentra en la finca que perteneció a sus padres. Se halla rodeado de una gran tapia de adobe y se accede a él por triple puerta: la primera, para ingresar en el recinto; la segunda, para acceder al vestíbulo del palomar; la tercera, para contemplar la techumbre y las paredes. Aunque tras la restauración acometida faltan las palomas, queda el eco de sus revoloteos. Cerca del palomar, en el lugar donde solo una estatua hoy se yergue, estaba el palacio de la familia Cepeda. Dicen los lugareños –y así parece– que las piedras de la mansión se usaron en la construcción de la iglesia.

El pintor **López Berrón** ha creado el **Museo de Arte y Etnografía** que lleva su nombre. Una casa de labranza, con su bodega y sus alcobas, sus enseres y aperos, su sabor y su memoria, ha sido rescatada del olvido. Cuadros del artista citado y de otros pintores se exponen en dependencias anejas.

ARÉVALO

Abrazada por dos ríos –el Adaja y el Arevalillo– que abren un foso natural en la llanura, se levanta esta población al menos desde el tiempo de los arévacos, tribu celtibérica a la que debe probablemente el origen de su nombre.

Tras haber sido escenario de relevantes acontecimientos, de villa histórica se ha convertido en localidad labradora y desde hace varios años ha consolidado su vocación de ser el centro comercial de la Moraña y de su Tierra, y lugar de turismo gastronómico.

Arévalo posee tres plazas, tres puentes, siete iglesias, un convento, un castillo y diversos edificios nobiliarios. Llegó a tener cuatro iglesias más, desaparecidas a lo largo de los siglos, varios conventos y un palacio real. El viajero que llega desde la A 6 y se adentra por los barrios modernos desemboca en un espacio urbano irregular, muy alargado, que se conoce con el nombre de plaza del Arrabal.

PLAZA DEL ARRABAL Y PLAZA DEL SALVADOR

La **plaza del Arrabal** era un lugar arrabalero y secundario cuando existía el recinto amurallado, pero hoy es el centro vital y comercial de Arévalo. Mucha vida y bullicio corre bajo sus soportales, al menos bajo la panda sur, llena de sabor castellano.

A dicha plaza se asoma la **iglesia de Santo Domingo de Silos** (siglo XVI), cuyo exterior muestra un bello ábside mudéjar con arquerías ciegas; y su interior, grandes arcos escarzanos adornados con rosetas, una buena reja plateresca, varios retablos barrocos y la talla de la *Virgen de las Angustias,* atribuida a Pedro de Salamanca. En unos trabajos de restauración apareció, en el cuerpo bajo de la torre, una hornacina con pinturas murales góticas. Y también se asoma la **iglesia de San Juan Bautista,** construida por los Sedeño para disponer en ella sus enterramientos familiares, que esconde yeserías barrocas en la techumbre y varias obras reseñables: una escultura románica de alabastro que representa a san Zacarías; un Cristo del siglo XIV; una capilla bautismal con pinturas del XVIII; y el retablillo hispano-flamenco de la Asunción (siglo XVI), que fue traído del templo de San Miguel.

Contribuyen a dar ambiente a la **plaza del Salvador** la **iglesia** homónima, la portada del **convento de las Montalvas** y la fachada blasonada del **palacio de los Cárdenas,** edificio multiusos que guarda en su interior dos pandas del antiguo patio. La **iglesia del Salvador,** que aparece documentada en 1230, se reformó en el siglo XVI y se llenó

▼ Patio del palacio de los Cárdenas, en Arévalo.

de yeserías barrocas en el XVIII. Posee un retablo iniciado en 1573 por Juan de Juni y terminado por su hijo Isaac en 1581. Preside la capilla mayor un templete neoclásico que desarrolla el tema de la Transfiguración.

PLAZA DEL REAL

El **arco de Alcocer** se abre entre dos cubos de muralla y sirve para comunicar la plaza del Arrabal con la del Real, donde también hay soportales, pero menos de los que había y, sobre todo, diferentes. En la llamada casa del Concejo o de los Sexmos y en el arco citado (que fue cárcel hasta los años 60 del pasado siglo) se ha instalado el **Museo del Cereal** y también el **Centro de Interpretación de la Naturaleza.**

También forma parte de la plaza del Real el edificio del **Ayuntamiento,** cuya portada de granito fue trasplantada de otro palacio cercano. Según atestiguan documentos no demasiado antiguos, todos los lados de esta plaza tenían soportales, pero las nuevas edificaciones, que también los aportan, tratan de mantener el sabor del conjunto. También estuvo mirando a la plaza durante varios siglos el caserón que fue primero palacio real de Juan II, luego convento de Bernardas y hoy es un edificio de ladrillo de dos plantas, de inspiración neomudéjar, que exhibe labores de forja en los balcones.

Yendo por la calle de Santa María se desemboca en la plaza más hermosa de Arévalo, la plaza de la Villa. Antes conviene detenerse a contemplar el cielo que reside detrás de las ventanas del **palacio de los Sedeño** y a tratar de sujetar el aire que sostiene la fachada del **palacio de Ballesteros Ronquillo,** no sea que ambos, cielo y aire, se derrumben del todo.

PLAZA DE LA VILLA ★★

La plaza de la Villa es algo irregular, pero bella en extremo. Los soportales que la definen proporcionan un sabor medieval al conjunto, donde un fragmento de vida ciudadana de otros siglos se ha detenido. Dos iglesias completan el perfil de la plaza, además de la primitiva **casa de los Sexmos** (a partir del siglo XVI se trasladaron las reuniones que tenían lugar en esta mansión a la de la plaza del Real), que posee un interesante artesonado en su sala de juntas. Acoge el **Museo de la Historia de Arévalo,** también conocido con el nombre de *Arevalorum,* que da a conocer la historia del lugar.

La iglesia de **Santa María la Mayor★,** fundada por los Briceño y usada como lugar de enterramien-

• • • • • • • •

**Museo del Cereal
y Centro de Interpretación
de la Naturaleza**
- 🌐 www.ayuntamiento
  arevalo.es
- 🕐 Sábado, domingo y festivo,
  de 11 h a 14 h y de 16 h
  a 20 h. Resto de días y
  para grupos, concertando
  previamente con la Oficina
  de Turismo.
- 🎫 Acceso gratuito.
- ℹ️ Se aconseja recorrer ambos
  espacios para conocer
  las celdas de castigo y la
  capilla de la Cárcel, que no
  es otra cosa sino un nicho
  en la pared presidido por la
  pintura del Calvario que fue
  traída del salón de plenos
  del Ayuntamiento. En el
  centro de interpretación
  se informa sobre la fauna y
  la riqueza paisajística que
  atesora la llanura.

• • • • • • • •

Museo de Historia
- 🌐 www.arevalorum.es
- 🕐 Abierto viernes tarde,
  sábado mañana y tarde y
  domingo mañana.
- 🎫 Acceso gratuito.
- ℹ️ Se pueden contemplar
  en sus salas piezas
  arqueológicas, objetos
  artísticos, fotografías, rejas
  y maquetas de antiguos
  edificios. Destaca entre lo
  expuesto la maqueta del
  antiguo palacio de Juan II.

to de los de su linaje, ofrece un ábside con arquerías de ladrillo, una torre rehecha parcialmente en el siglo XVII y un interior que sorprende al visitante por el artesonado de la tribuna y los frescos románicos que engalanan la cabecera y los muros laterales. Las pinturas murales, ejecutadas durante los siglos XII-XIII representan el Pantocrátor en mandorla rodeado del Tetramorfos. Llama la atención el conjunto de rostros masculinos barbados que decoran los ladrillos de un friso.

La **iglesia de San Martín****, joya mudéjar de Arévalo, tiene dos torres muy esbeltas, un pórtico de piedra como el de los templos segovianos y muchos añadidos de otros siglos. La cabecera se yergue vertical y soberbia, con volúmenes planos. De las **dos torres,** la más cercana a la cabecera es la poseedora de los famosos tableros de ajedrez donde no se sabe quién juega a tanta altura, si aves o espíritus sublimados. Tiene también la torre un festival de hermosas arquerías: ciegas en el cuerpo inferior, mientras que en el superior unas tienen el mismo grado de agudeza visual y otras no, pero todas son más grandes. La otra torre guarda campanas en los huecos, es más pobre de ornamentación pero más alta y también exhibe arquillos ciegos sobre el campanario.

El **pórtico** muestra en su mitad derecha columnas dobles rematadas con capiteles románicos y en la otra mitad cinco columnas de orden clásico que reemplazan desde el siglo XVI a las primitivas. Con su ausencia de retablos, el interior del templo denuncia los tiempos en que fue almacén de grano. Tras una

▲ Plaza de la Villa e iglesia de Santa María en Arévalo.

▼ Torre de la iglesia de San Martín.

Centro de Actividades del Mudéjar (CAM)

- Plaza de la Villa, 17.
- 920 301 380.
- Martes y miércoles, de 10 h a 14 h y de 16 h a 18 h. De jueves a sábado, de 10 h a 14 h y de 16 h a 19 h. Domingo, de 10 h a 14 h.
- En la plaza de la Villa, este centro abre sus puertas para dar a conocer el pasado mudéjar de Arévalo. Destacan en la bodega del inmueble los grandes arcos de ladrillo y las rejas del palacio de los Sedeño.

restauración que ha conseguido salvar sus yeserías barrocas y sus restos pictóricos, se ha convertido en espacio cultural.

Muy cerca de San Martín está la **iglesia de San Nicolás** que, tras la rehabilitación finalizada en abril de 2017, encamina sus pasos a convertirse en el Museo Nacional de Arte Contemporáneo de Arévalo "Colección Adrastus".

Y, casi enfrente, muestra en su fachada el escudo de la villa el antiguo **edificio de la Alhóndiga** (siglo XVI) que, como tal, almacenaba y distribuía el grano a los vecinos. Hoy almacena y distribuye los libros que contiene la **Biblioteca Pública Municipal**.

IGLESIA DE SAN MIGUEL, PUENTES Y CASTILLO

La calle de Santa María nos lleva hasta el lugar donde se alza, esforzándose por mirar al Arevalillo, la **iglesia de San Miguel★,** otra joya de Arévalo por su rareza arquitectónica y la hermosura que encierra su retablo. De lo primero destacaremos el **ábside** plano con arquerías ciegas y la gran diafanidad de su nave única, sostenida por dos arcos osados, que separan un crucero imaginario. Un bello y elegante arco toral de finales del siglo XV da paso a la **capilla mayor** y única, que tiene arquillos laterales dos veces ciegos, una por la cal que los recubre y otra por no poder mirar ellos también al río. Hay artesonado, solo localizable en las pechinas.

Del **retablo★** diremos que es un valioso ejemplo de arte hispano-flamenco. Fue pintado por Marcos Pinilla entre 1507 y 1509 y consta de 13 tablas realmente hermosas, plenas de colorido y sabiduría en la configuración de las composiciones y en el tratamiento de los espacios. En el cuerpo superior se narran escenas de la Pasión; en el central, de la vida o leyenda de un santo y un monte relacionado con san Miguel; y en el inferior se aposentan ocho figuras venerables, que parecen haber sido pintadas antes que las demás imágenes y que bien pudieran haber sido aprovechadas de otros retablos.

Bajaremos desde San Miguel al cauce del Arevalillo, que puede ofrecer más frescor y arbolado que caudal, para ver una especie de puerta de entrada a la villa y los dos **puentes**, el **de Medina** y el **de los Barros**. Sorprende tanto puente, y alguno tan aparatoso, para tan poca agua. Ambos son mudéjares y bellos. El primero, espléndido, es a todas luces excesivo para este y cualquier otro río si no fuera porque está allí tendido para que pasen por sus ojos los caudales del tiempo. El segundo, más comedido, solo dispone de un único ojo, absorto en sus medita-

Ermita de la Lugareja

- En el momento de cerrar esta edición, no es posible visitar la ermita de la Lugareja. Se aconseja recabar información en la Oficina de Turismo de Arévalo.

La Lugareja

A unos dos kilómetros de Arévalo, subida en un alcor, se encuentra la iglesia de la Lugareja, templo que es el monumento mudéjar más importante, representativo y bello de toda la Moraña.

Lo que hoy puede verse, obra del siglo XIII, pertenecía probablemente al antiguo convento de monjas cistercienses de Santa María de Gómez Román, cuya presencia se prolongó hasta 1524, año en el que se trasladaron al palacio de Juan II, aquel vetusto caserón que ya no existe. Y lo que los años han legado se reduce a tres ábsides, una torre o cimborrio y un crucero pequeño. Ya no están las tres naves que debió de tener y que poseerían, como supone Jiménez Lozano, fabulosos artesonados, pero sí se notan sus arranques. Parece como si una espada de tiempo hubiera desmembrado limpiamente un cuerpo largo y completo.

Los ábsides están adornados con arquerías que se extienden a lo largo, y rotos por saeteras que llevan luz al interior. Es más grande el central, pero los tres son bellos, equilibrados, perfectos. La torre, cuadrangular, se presenta chata y poderosa, pareciendo emerger como una cabeza natural sobre sus triples hombros de ladrillo.

Sorprende su interior por lo armonioso y recogido. Los arcos apuntados se suben muy arriba para sostener una cúpula semiesférica que se abre en arquillos. Por allí entra la luz. Es una luz muy suave que invita al asombro o al recogimiento. Las capillas laterales constituyen todo un derroche de armonía arquitectónica. Interior y exterior de esta iglesia compiten entre sí para mostrar quién posee más acierto y filigrana en la disposición de los ladrillos.

Hay una escalera para subir a una especie de mirador instalado sobre la capilla derecha. Puede verse allí una humilde campana que parece querer llamar a oración a las nubes cambiantes y a los surcos de espigas.

Castillo de Arévalo
- www.ayuntamiento
  arevalo.es
  www.fega.es
- Sábado, domingo y festivo,
  de 10 h a 18 h.
- Tarifa general: 4 €.

▶ Castillo de Arévalo.

ciones sobre la condición fugaz de todo lo que fluye.

El cauce del río Arevalillo conduce al **castillo,** al cual conviene subir para no asistir a su abrazo furtivo con el Adaja, que tiene lugar poco después. El castillo, de evidente concepción defensiva por su situación y traza, es un edificio mudéjar y neogótico, de planta poligonal, con torres en los vértices, gran puerta adovelada y torre del homenaje. Confirma su naturaleza defensiva un matacán corrido que se tiende a lo largo de la fachada que mira a la villa. Tuvo importancia en el desarrollo de hechos históricos acaecidos a lo largo de los siglos XIV y XV. Guarda nostalgias biográficas por haber sido cárcel para personajes nobiliarios y por haber pasado en él parte de su infancia la reina Isabel la Católica. Hasta hace pocos años hacía honor a tales usos y recuerdos añadiendo a sus antiguas funciones la de ser almacén de grano. Para mantener la tradición, alberga una exposición permanente dedicada al cereal y a la cultura del campo.

ARCOS, PUENTES, ERMITAS Y PALACIOS

Antes de abandonar Arévalo nos acercaremos a lo poco que queda por ver: el **puente de Valladolid** levantado sobre el Adaja, tan aplastado por su propio peso histórico que sus ojos están semicegados; el **arco de los Descalzos** (siglo XVIII), hecho en ladrillo con estilo neoclásico, último vestigio del convento de Franciscanos Descalzos de San Lázaro instalado en la villa en 1588; el **hospital de San Miguel,** que conserva una portadilla de ladrillo (siglo XVIII) y la escultura del santo titular; las **paneras reales,** construidas en tiempos de Carlos III, de las que solo ha logrado sobrevivir parte de la fachada.

Se reseña a continuación el puñado de mansiones nobiliarias que todavía se mantienen en pie: el

palacio de Gutiérrez Altamirano, que exhibe tres escudos conteniendo diez roeles, dos águilas y un castillo, éste situado en el balcón esquinado; el **palacio del general Ríos,** muy restaurado; el caserón que se yergue en la plazuela de San Andrés y fue **palacio de los Ossorio,** con patio lleno de luces y de parras, y escalera de hidalgo, noble aunque empobrecida por el uso y el tiempo; el **palacio de Valdeláguila,** que luce una torre con galería de arcos y un friso de ventanas; la **casa de las Milicias Concejiles** (siglo XVI), edificio de mucho empaque y grandes dimensiones que esconde tras su portada una bodega con arcos y bóvedas de arista.

Finaliza el recorrido por las calles de Arévalo en la encantadora y minúscula **ermita de la Caminanta,** donde, a modo de despedida, no resistiremos la tentación de mirar una vez más el perfil más noble de la villa. Al mismo tiempo llegaremos a la conclusión de que Arévalo es como toda Castilla: un presente abrumado por un pasado tan espléndido que casi no puede soportarlo.

▌ MADRIGAL DE LAS ALTAS TORRES ✶✶

Muy altas debieron ser las torres que tan sonoramente apellidaron este pueblo. Quizá hubiera en el pasado más de las que hoy se ven y quizá fueran más altas. Tal vez la del convento extramuros de San Agustín superaba con creces a las torres de las murallas, e incluso a la de la iglesia de San Nicolás de Bari, que es la más alta de toda la provincia. Altas torres y altísimas melancolías, pues es pueblo de grandes nacimientos y muertes.

Aquí nació, en el palacio de don Juan II, la reina Isabel la Católica y también aquí vivió durante varios años. Aquí nació el ilustre polígrafo Alonso «El Tos-

● ● ● ● ● ● ● ●

🛈 Oficina de Turismo de Madrigal de las Altas Torres
✉ Plaza del Cristo, s/n.
☎ 920 320 001, 661 502 613.
🖥 www.madrigaldelasaltas torres.es

▼ Recinto amurallado de Madrigal de las Altas Torres.

▲ Arco de Piedra, antiguo palacio de Justicia.

▼ Crucero y Real Monasterio de Agustinas, en Madrigal de las Altas Torres.

tado». Y aquí murió, precisamente en el monasterio antes citado, fray Luis de León, quien tal vez se asomara a contemplar los jardines monacales, de última y bella flor cubiertos.

Viniendo desde Arévalo, sobresale en la llanura este bello madrigal de torres levantadas como versos y sobre todas prevalece la cúspide de San Nicolás. A su lado, las torres del recinto amurallado son menos líricas, más planas, adaptadas mejor a su papel de apresar la melancolía del tiempo.

El **recinto amurallado*** debió de ser espléndido y sin duda rodeaba toda la horizontalidad del pueblo. Hoy quedan cuatro puertas de entrada, diversos lienzos desdentados y algunos restos solitarios en forma de muñones. Es muralla de tapial y ladrillo y también ha servido para que a lo largo de su extenso perímetro hayan ido naciendo muchas casas humildes que aprovechan la fortaleza de sus muros para apoyarse en ellos.

De entre todas, la **puerta de Cantalapiedra** es la más hermosa, con su torre grande de la izquierda, habitada por el aire en su interior y llena de arquerías exteriores, y la otra torre hija, mucho más pequeña. La **puerta de Arévalo** parece que quisiera abrazar el cereal de la llanura con tanta profusión de arcos que se van sucediendo. La **puerta de Medina** es quizás la más deteriorada, con su arco de salida y el torreón de perfiles borrosos. En general, lo que queda de muralla es un residuo mudo y desgastado que trata de ir desafiando el paso de los siglos.

Dentro ya del caserío, la **casa** que ofrece una impresión más desoladora es la llamada del **Arco de Piedra,** fachada del XVI que solo tiene detrás el apoyo del aire para seguir viviendo.

El templo de San Nicolás de Bari se levanta en la **Plaza Mayor,** la cual realmente es un rectángulo, con soportales en un lado, que sube y se prolonga hacia el oeste hasta formar otra figura geométrica, esta vez un semicírculo, presidido por la iglesia de Santa María del Castillo.

La **iglesia de San Nicolás de Bari*** tiene una torre mudéjar y dos ábsides de ladrillo con arquerías, además de muchos añadidos de otros siglos. La torre es alta, poderosa, prismática, con arcos abiertos en los últimos cuerpos. En el interior, lo más interesante es la espléndida armadura mudéjar que recubre la techumbre de la nave central, el artesonado de la tribuna formado por casetones de gusto italianizante, la sillería gótica que procedía del convento de San Agustín, dos sepulcros situados en la capilla mayor y un pequeño museo custodiado por una reja de hierro forjado donde se puede admirar la imagen del *Cristo de los Nudos* (siglo XIV), así llamado por los nudos existentes en la cruz.

El **sepulcro** renacentista **de fray Gonzalo Guiral**, comendador de Cubilla, presenta a un caballero grave y sin espada, con rico trabajo artístico en barbas y cabellos, ropajes y almohada. Sobre este monumento funerario se sitúa un **retablo de alabastro** con la imagen de San Juan Bautista en el centro. El otro **sepulcro** pertenece a la pareja González de Castañeda y se le atribuye a Vasco de la Zarza. Al caballero, además de la espada, le falta una pierna. Es airoso el movimiento de ropajes y manteo de la dama, y delicada la expresión de su cara.

Solo dos ábsides tiene también la **iglesia de Santa María del Castillo,** con arquerías ciegas y superpuestas. En su interior, de una sola nave, yeserías barrocas y un órgano, se descubrieron unas pinturas murales góticas (varias escenas y figuras, además de un Calvario) en el ábside del Evangelio y también un Pantócrator oculto tras el retablo mayor. Entre las obras de arte que guarda destaca un Cristo gótico, que Gómez Moreno sitúa en el siglo XIII y se considera el preludio de los Cristos dolorosos de la centuria posterior.

Otra **plaza** tiene Madrigal y se llama **del Cristo.** Es grande, desnuda, horizontal. En uno de sus lados habita la fachada sur del **Real Hospital de la Purísima Concepción,** que presenta una balconada de madera. De mayor interés es la **fachada este,** con pórtico del siglo XVIII compuesto de columnas dobles y balaustrada. El interior de la **iglesia** era primitivamente mudéjar, mas hoy está cubierto con unas yeserías barrocas que lucen espléndidas tras la restauración. Contiene la talla gótica que se conoce con el nombre de *Cristo de las Injurias*. Este hospital fue fundado y dotado en 1443 por la reina doña María de Aragón, hija del rey don Fernando de Aragón y esposa primera del rey don Juan II de Castilla.

El hospital esconde un **patio** íntimo y desnudo del siglo XVI y una escalera que sorprende con una atractiva yesería barroca. Convertido en casa de cultura, acoge además la Biblioteca Municipal, el **Museo Mexicano de Vasco de Quiroga** y el **Aula de la Naturaleza.**

En un ángulo de esta vasta plaza se abre a los viajeros el **Real Monasterio de Agustinas**. La mole del convento no permite apreciar la fábrica del **palacio de don Juan II,** que compone con el primero un dilatado recinto palacial y monástico.

▲ Iglesia de San Nicolás de Bari (Madrigal de la Altas Torres).

· · · · · · · · ·

Museo Mexicano de Vasco de Quiroga

✉ Casa de la Cultura. Pza. del Cristo, s/n.

☎ 920 320001 (Ayuntamiento).

🕐 Martes a sábado, de 10 h a 14 h y de 16 h a 19 h. Domingo, de 10 a 14 h.

🎫 Tarifa general: 1 €.

ℹ El museo, con el nombre del que fuera primer obispo de Michoacán, exhibe trajes típicos, objetos decorativos, máscaras, fotografías y piezas de cerámica.

ℹ El **aula** subraya la importancia que para las aves del mudéjar (golondrinas, vencejos, aviones comunes y cernícalos primilla) tiene la conservación de los conjuntos urbanos donde habitan.

Convento extramuros de San Agustín

Puede el interesado completar su visita a Madrigal acercándose al convento extramuros de San Agustín. Fue fundado como cenobio femenino en 1353 y más tarde ocupado por los padres agustinos cuando las monjas se trasladaron al palacio de Juan II.

Fue llamado «el segundo Escorial» por la grandeza de su fábrica y por reunir en capítulo a los cargos más importantes de Castilla. Su fachada medía más de 125 m de largo y su superficie llegaba a los 5.000 m^2.

Pero no es conocido por todo lo anterior, sino porque en él murió fray Luis de León en 1591, cuando aún no eran ruina sus muros y techumbres, y los huertos estaban florecidos.

Hoy puede pasarse al interior para estremecerse con la visión del claustro. Desolado, derruido, granítico. Otra cosa no tiene sino soledad total, el cielo por artesonado y el graznido de cernícalos como rumor de rezos. Quedan algunos arcos levantados, formando una doble galería para que la nostalgia se pasee por ellos. Y unas maderas cruzadas, que tratan de consolidar la ruina y evitar el derrumbe de los sueños.

Para que no todo lo que quede sea olvido.

Oculta por los árboles puede verse la fachada del palacio, custodiada por dos torres poco levantadas entre las que se tiende una galería de arquillos apuntados. La puerta de entrada tiene el mismo tipo de arco de ladrillo, solo que más grande y enmarcado en alfiz. Una tapia muy alta cierra el conjunto por la izquierda mientras que por la derecha se abraza a los muros del convento.

Se entra a este por un pórtico que pronto da paso a un zaguán que comunica con un **patio** hermosísimo. Es de mucho deleite y regocijo estético y merece la pena recorrerlo siguiendo su perímetro. La galería alta tiende sus arcos rebajados a lo largo de 40 m por lado, la misma longitud que recorre la galería baja, solo que su altura es mayor y redondos sus arcos.

En la visita se contempla el **salón de Cortes** de don Juan II y los Reyes Católicos, que presenta un artesonado y el testamento de la reina Isabel; el **salón de Embajadores** y refectorio hasta hace algunos años, lleno de retratos de monjas; la **capilla Real,** que alberga piezas escultóricas, pinturas de interés y un sarcófago renacentista del que han desaparecido las imágenes. Puede verse también la alcoba donde nació Isabel la Católica. Es muy pequeña. Asombra contemplar un lugar tan míni-

▲ Patio del Real Monasterio Agustinas de Madrigal de las Altas Torres.

mo para una reina tan grande. Su rostro aparece pintado en una tabla junto al de su esposo, guardándose ambos las debidas distancias. Se puede visitar la llamada **bodega de los Frailes,** construida por los agustinos en el siglo XVIII utilizando otra ya existente. Contiene estancias con hermosas bóvedas de ladrillo.

FONTIVEROS

El patrimonio artístico-monumental de Fontiveros no alcanza un relieve extraordinario. Quizás lo más interesante sea lo menos subrayado: la **casa de los Arriaga,** edificio del siglo XVI que presenta una fachada con medallones laterales y puerta adintelada, y donde parece que pasó algún tiempo (o pernoctó) Felipe II; o la llamada **torre del marqués de Fontiveros,** caserón que sirvió de albergue a la reina Isabel la Católica cuando se dirigía de Madrigal a Ávila. Fue también recinto conventual y hoy tiene tapiadas sus puertas y ventanas. Y el olvido invadiéndolo todo.

Del olvido le salva a Fontiveros el hecho de ser la cuna de san Juan de la Cruz, místico excelso, guía espiritual y patrono de poetas. Relacionadas con el santo deben citarse la **estatua** de bronce, obra del escultor Ricardo Font, que preside una

Ayuntamiento de Fontiveros
Pl. San Juan de la Cruz, 1.
920 245 035.
www.fontiveros.es

▲ Retablo de la iglesia de Flores de Ávila.

plaza inarmónica, y la **iglesia de San Juan de la Cruz,** erigida en el lugar de nacimiento del santo y fundada en 1673 por los carmelitas descalzos. Es templo, o camarín barroco, de mucho yeso pintado y repintado, tanto en paredes como en bóvedas. En el retablo principal destaca una imagen de Gregorio Fernández que representa a san Juan de la Cruz.

La **iglesia** parroquial **de San Cipriano*** también tiene relación con el poeta, ya que en la capilla del baptisterio fueron derramadas sobre su cabeza las primeras palabras que abrían la puerta de la sabiduría. Pero es conocida por ser la de más grandes dimensiones de toda la Moraña. Es magnífica, exterior e interiormente, y además bella.

Utilizada en sus primeros tiempos como sinagoga, se advierten dos épocas o estilos en su construcción: la parte mudéjar, de los siglos XIII y XIV, y la parte gótica, de comienzos del XVI. Una bóveda estrellada parpadea en el cielo arquitectónico de la capilla mayor, mientras que es un artesonado –valioso en la parte posterior y reconstruido en la anterior tras un incendio– quien recubre la techumbre. Un esplendor de cal tapa los arcos, pilastras y paredes. Pueden verse en la iglesia capillas custodiadas por rejas de bronce del siglo XVI, donde se guardan imágenes, sepulcros y algún cuadro.

Lo que no está en las capillas se enseña en un espacio habilitado como museo. Allí pueden contemplarse piezas de arte y ropajes litúrgicos. Dos originales **púlpitos,** fabricados con hierro forjado del siglo XVI, permiten al predicador subirse a una mínima altura para desde allí dominar la vasta grey de feligreses que en las grandes solemnidades todavía se concentra.

▎OTROS PUEBLOS DE LA MORAÑA

Desafiando el riesgo de olvidarnos de algún nombre, del resto de los pueblos de la Moraña destacaríamos lo siguiente: el artesonado de **Gimialcón;** el castillo de **Narros del Castillo,** que no es otra cosa sino ruina pero que alberga una iglesia mudéjar, la de San Juan, con artesonado morisco y retablos de pinturas y tallas; las armaduras mudéjares visibles en las iglesias de **Muñosancho** y de **Villamayor,** el ábside románico de **Espinosa de los Caballeros** (quizás el único construido en piedra de toda la comarca) y la cabecera de **Orbita,** dominada por un gran arco gótico que mira al poniente; el castillo de **Narros de Saldueña,** de planta cuadrada, torre del homenaje y patio central, construido a finales del siglo XV a base de tapial y ladrillo, y defendido por rejas; el ábside mudéjar, verdaderamente hermoso, de **Nuestra Señora del Trabanco** y los muy estimables de las iglesias de **Donvidas** y **Barromán;** la iglesia de **Rasueros,** con torre notable e imágenes de interés.

Mención aparte precisa la **iglesia*** de **San Juan de la Encinilla,** que ofrece un retablo magnífico, fechado en 1553, con ocho tablas centrales y ocho laterales. Además de una portada interesante, el templo tiene una bóveda atractiva en la capilla mayor y un artesonado mudéjar en las naves, que están separadas por dos arcos enormes.

Debe verse también, por su belleza y cercanía, el retablo de la iglesia de **San Pedro del Arroyo,** perteneciente a la escuela de Fernando Gallego, así como el de la iglesia de **Villaflor.**

En San Pedro del Arroyo se está a la espera de poder visitar la **villa romana de El Vergel,** que cuenta con mosaicos de notable calidad técnica y artística, así como con enterramientos de época visigoda y altomedieval.

Sorprende hallar en un pequeño pueblo de Castilla un **retablo*** tan magnífico como el de la **iglesia** de **Flores de Ávila.** Tras la restauración, muestran las pinturas una calidad indiscutible, así como las piezas escultóricas que se insertan en la mazonería. En el mismo templo sobresalen unos curiosos azulejos de Niculoso Pisano.

▼ Castillo de Narros de Saldueña.

Dehesa de Garoza

📞 920 265 182 / 618 397 211.

🌐 www.laspiedrasdegaroza.com.

🕐 Consultar horarios en la web.

🎫 Tarifa general: 8 €.

ℹ️ La obra de Agustín Ibarrola se extiende sobre un más de 140 piedras de grandes dimensiones dispersas en una finca de 20 ha. Trata de establecer un diálogo entre el arte de vanguardia y la naturaleza.

▼ Dehesa de Garoza.

Valle de Amblés - Valle del Corneja - El Barco de Ávila

Este itinerario tendrá como puntos principales de interés el valle de Amblés, el valle del Corneja y su capital, Piedrahíta, y el valle del Tormes, con El Barco de Ávila como enclave destacado.

VALLE DE AMBLÉS

Comienza la ruta en **Niharra**, población alzada a orillas del Adaja que muestra la llamada **Pared de los Moros**, resto de una villa romana ocupada entre los siglos II y V. En el Museo de Ávila se puede admirar una tumba bajoimperial hallada en las excavaciones.

Muñogalindo es un pueblo que concentra sus puntos de interés en la **iglesia de San Lucas Evangelista** (siglo XVI), cuya nave se halla cubierta por un artesonado mudéjar, la **casa-palacio de la familia Aboín** (siglo XVII) y la sala de arte Colección Amblés. A lo anterior cabe añadir los grabados esquemáticos visibles en el **yacimiento** calcolítico de **Peña del Águila** y el **Ecomuseo-Centro de Interpretación Valle Amblés**. Sin olvidar las **rocas pintadas** por Agustín Ibarrola en la dehesa de Garoza.

Cerca de **Mironcillo** se yergue en lo alto de un cerro el **castillo de «Mal que os pese» o «Manqueospese»**, que fue levantado en el siglo XV más por motivos amorosos que guerreros. Luce muy estético entre las piedras de granito, pero posee más apariencia que sustancia. Desde sus muros se goza de una vista espléndida sobre el valle de Amblés: como dispuestos en un lienzo se suceden las manchas de cereal, las tierras de regadío, los trapecios cromáticos.

Desde Solosancho nos encaminaremos a **Villaviciosa**. Altos cerros graníticos parecen aplastar con su grandeza al minúsculo pueblo y al **castillo** medieval levantado en mitad del caserío y que poco sobresale respecto a la altura señalada por los demás tejados. Tiene una bonita puerta de entrada y una sólida torre del homenaje, florida en matacanes. Cubos en los ángulos completan su perímetro. Ha estado funcionando como hotel bajo el nombre de Sancho de Estrada.

El **castro de Ulaca** se sitúa cerca de Villaviciosa, en el llamado cerro del Castillo. Próximo a él se halla el **castro de Cabeza** de **Navasangil,** yacimiento visigodo que conserva restos de su antigua muralla y paredes de casas.

Pasaremos a la carretera nacional N 110 para acercarnos a la **ermita de la Virgen de las Fuentes,** localizable poco antes de llegar a **San Juan del Olmo.** En esta ermita, cuya armoniosa fábrica fue trazada en 1668 por el carmelita descalzo fray Juan de San Joseph, la Virgen da agua por partida doble: dos imágenes de piedra otorgan su aquiescencia al caudal que por cuatro caños se vierte. Además de la ermita, hay en el conjunto dos cruceros y una espadaña. La talla de la *Virgen de las Fuentes* (finales del siglo XII-comienzos del XIII) se aloja en un atractivo interior en el que destacan el camarín decorado con pinturas, el retablo barroco de exuberante ornamentación, cinco capillas con verja, un púlpito vistoso y una reja renacentista.

Es en **Villatoro** donde muere el Amblés como valle y nace el Adaja como río. Guarda el pueblo un resto escueto de lo que fue castillo, levantado en el siglo XVI y valorado hasta el XVIII por su emplazamiento estratégico: un **torreón** único, ya desmochado y también disminuido, aunque valiente todavía, que ha servido para configurar una posada real. Lo más interesante de su poderosa **iglesia*** se concentra en la cabecera, llena de ventanas del gótico tardío, y en el interior, donde una bóveda de crucería en su primera parte, y un artesonado de madera a continuación, recubre la techumbre. Arcos enormes y muy altos separan los espacios interiores de su planta de salón. Puede verse en uno de los

Ecomuseo-Centro de Interpretación Valle Amblés
- ✉ Ctra. de Salobralejo, 2.
- ☎ 647 483 500.
- 🕐 De martes a sábado, de 11 h a 14 h. Domingo y festivo, de 10.30 h a 12.30 h. Cierra lunes.
- 💶 Gratuita.
- ℹ El centro, instalado en la antigua casa del médico, busca divulgar los atractivos artísticos, monumentales y paisajísticos del valle de Amblés.

Sala de Arte "Colección Amblés"
- ✉ Plaza del Buen Gobernador, 1.
- ☎ 920 265 182.
- 🌐 www.munogalindo.es/coleccionambles/
- ℹ Ubicada en la planta baja de la Casa Consistorial, reúne obras de Agustín Ibarrola y de diversos artistas abulenses entre los que destacan Jesús Velayos, Pedro Barrón y Florencio Galindo.

▼ Castro de Ulaca, altar de sacrificios.

▲ Villanueva del Campillo. Verracos de granito en el centro de la Plaza Mayor.

altares laterales una exacta manifestación de dolor en la talla policromada de la *Piedad*.

En la plaza situada frente a la iglesia, tres **verracos** ibéricos vigilan el tráfico de la carretera y observan desdeñosos el reloj de la casa consistorial, al que consideran muy bisoño todavía en el arte de medir y ver pasar los latidos del tiempo. En el borde de la plaza se asienta el **escudo** episcopal del agustino fray Payo Enríquez de Rivera, arzobispo de México y virrey de Nueva España. Fue enterrado en el monasterio de El Risco, cuyas ruinas agonizan en el cercano pueblo de Amavida.

Una desviación a **Villanueva del Campillo** permitirá admirar la bóveda grandiosa que cubre la única nave de su **iglesia**, que asombra por su perfección y fantasía. Impresiona el grupo escultórico de la *Piedad*, a pesar de estar embutido en un retablo churrigueresco. Y el cierre del coro, envuelto en una ornamentación rococó presidida por un Cristo esquelético.

Pace en el centro de la plaza un gran **verraco de granito*** –el mayor de Europa– en compañía de un ejemplar más pequeño.

❙ VALLE DEL CORNEJA

A partir del puerto de Villatoro, el río Corneja abre el paso a un valle íntimo y pequeño, profundamente ensimismado. El paisaje está formado por frondas y vegetaciones en las laderas, algo de huerto cuando el agua se arrima a las casas y grandes encinares. Benjamín Palencia fue un enamorado de estos paisajes, que quedaron plasmados en sus lienzos.

Villafranca de la Sierra es una localidad interesante porque conserva una plaza llena de carácter, con adorno de fuente y soportales, y mantiene casi intacto el ambiente de pueblo entre serrano y castellano. Es población antigua, fundada en 1294 por aquel Esteban Domingo que goza de sepulcro en la catedral, y perteneció más tarde a la familia de los Dávila. En lo más alto dormitan las piedras de una insólita **plaza de toros** circular, de gran sabor serrano, que abre un redondel de soledad en el silencio del campo. Es un recinto original y no visto en otras ocasiones, con doble cerco de sillares, escalera, gradas ya borrosas y toriles.

Bonilla de la Sierra* perteneció a la mitra abulense, siendo su residencia estival de vacaciones. Hoy es un pueblo mínimo, bonito y olvidado, que se siente orgullosamente pastoreado por su iglesia. Además de belleza y soledad, la localidad de Bonilla atesora también un haz de históricos recuerdos:

aquí murió «El Tostado» un 3 de septiembre de 1455; y por el mismo arco apuntado por el que pasa casi todo el que se acerca a la villa entró Juan II a refugiarse en el castillo cuando huía de las persecuciones promovidas por los infantes de Aragón.

Entrando por el **arco de la Puerta de la Villa,** el viajero se va formando una impresión exacta del enclave: casas de piedra llenas de sabor, algunas con asomos de palacio. Así hasta la **Plaza Mayor★,** sobria y sorprendente. Columnas venerables aguantan el peso de viviendas muy antiguas que rodean un templo de muchas pretensiones. En lo alto de una cruz de piedra, un **rollo** gótico lleva un Cristo tosco y esquemático. En una de las esquinas se esconden los muros de un **castillo** gótico, cuya torre del homenaje guarda pinturas murales con temas caballerescos.

La **iglesia de San Martín★** posee muchos puntos de interés. De su exterior destaca la fantasía de pináculos y gárgolas, además de unas portadas donde florecen los arcos conopiales. No deben desdeñarse los ventanales de la cabecera ni la torre cuadrada.

El interior es de una sola nave, con espléndida bóveda de crucería en la capilla mayor, lugar donde habita un **retablo** del siglo xv con tablas de Sansón Florentino y otros autores de la época enmarcadas dentro de una mazonería barroca. Unos sepulcros góticos custodian el retablo. El coro se apoya sobre un doble arco escarzano para que allí se entonen cantos celestiales. Bajo tan festivo coro se esconde la **capilla de los Chaves,** fechada en 1433, que posee alegres ajimeces, un retablo de finales del siglo xv y una predela con tres tablas

Iglesia de San Martín
- ⌚ Para visitar la iglesia, contactar con el Ayuntamiento.
- ☎ 920 362 708 / 665 343 104.
- ✉ info@bonilladelasierra.com

▼ Plaza Mayor e iglesia de San Martín, en Bonilla de la Sierra.

▼ Retablos de la iglesia
parroquial de Piedrahíta.

**Oficina de Turismo
de Piedrahíta**
✉ Plaza de España, s/n.
☎ 920 360 001.
🖥 www.aytopiedrahita.com

Museo de Arte Sacro
🕐 Sábado, de 11.30 h a 13.30 h.

pintadas a lo Berruguete. Unas pocas sillas muy antiguas, quizá del xv y pertenecientes al coro primitivo, se ordenan en el lateral donde acaban los arcos escarzanos, esperando tal vez que vuelva el obispo de la diócesis y su séquito de canónigos para sentarse en ellas, entonar preces y salmos, y atraer otra vez vida y esplendores a esta villa que fue buena y sigue siéndolo, aunque parezca hoy vacía y olvidada.

Se aconseja no abandonar Bonilla sin antes visitar el curioso **pozo de Santa Bárbara,** pozo o aljibe construido en los siglos xii-xiii que destaca por el gran diámetro del cilindro (3,6 m) y la escalera de acceso hasta la base.

PIEDRAHÍTA

Piedrahíta es la capital del valle del Corneja, a pesar de que este río se aleja algunos kilómetros del pueblo en su búsqueda del Tormes. En época pretérita integraba el señorío de Valdecorneja, donado por Alfonso X el Sabio a su hermano don Felipe. Posteriormente, ya en tiempos de Enrique II, perteneció a los Álvarez de Toledo, formando señorío junto con El Barco, el Mirón, Bohoyo y la Horcajada. Pasados los siglos belicosos, la presencia de los Alba sirve en el siglo xviii para convertir la villa en foco de ebullición cultural, centrada alrededor del palacio que construyó uno de los sucesores del gran duque de Alba, aquel don Fernando Álvarez de Toledo nacido en 1508 en Piedrahíta.

De las **murallas** medievales que rodeaban la capital del Valdecorneja apenas puede hallarse otra cosa sino un arco melancólico de entrada o un lienzo en pie. Sí se encuentra, y de manera inmediata, la **Plaza Mayor,** centro en el que convergen las aproximaciones.

El carácter mixto –entre serrano y castellano– de la plaza se pone de manifiesto sobre todo en la panda de soportales donde se aloja el **Ayuntamiento,** que luce un escudo poblado de cornejas. Además de una fachada del siglo xvi muy estrecha y adornada, destaca la **fuente,** que desde 1721 vierte agua por sus cuatro caños simbólicos: el del pasado, el de la vida, el de la fugacidad y el de la muerte.

Se accede al interior de la **iglesia** parroquial **de la Asunción** tras rebasar un pórtico con arcos y columnas del siglo xvi que forman parte de la plaza. Aunque fechada en el xiii, es el siglo xv quien más se manifiesta en la arquitectura, sobre todo en las bóvedas de crucería de la capilla mayor, de las capillas más próximas a ella y de la sacristía.

El palacio de los Duques de Alba

Camino de las ruinas del convento de Santo Domingo se topa el viandante con un palacio neoclásico, armónico y de grandes dimensiones. Como símbolo de la Ilustración, resulta sorprendente su presencia en un pequeño pueblo de Castilla, ajeno en aquel siglo –y en este– a otras corrientes de la razón y el pensamiento que no fueran el cultivo de la tierra y, en el terreno especulativo, la predicción del tiempo. La razón de ser del palacio se debe a los caprichos del poder nobiliario, pues no en vano Piedrahíta era cabeza del señorío de Valdecorneja, a la sazón propiedad de los Alba. Un miembro de esta ilustre familia, don Fernando de Silva y Álvarez de Toledo, mandó construir el edificio y fue obedecido por el arquitecto francés Marquet, quien lo terminó hacia 1759.

En el palacio pasaron algún tiempo célebres personajes ilustrados: Quintana, Jovellanos, Meléndez, don Ramón de la Cruz, Somoza. María Teresa Cayetana, nieta del fundador y modelo de majas vestidas y desnudas, lo usó como residencia estival. Goya, aquejado de amores hacia la nieta y propietaria, pasó en él algunos meses de verano, en uno de los cuales pintó los cartones de *La siega* y de *La vendimia*.

Arquitectónicamente triunfa con rigor en el palacio el racionalismo, la repetición y la simetría, y resulta algo monótono. Parece ser que en su tiempo gozó de muchas alabanzas, sobre todo procedentes de los invitados, siendo ensalzada la profusión de fuentes, jardines y estatuas. Hoy el espíritu versallesco ha desaparecido casi por completo y queda el edificio, algo deteriorado por el tiempo, un trozo de jardín posterior, una plaza de armas árida y desnuda, y algunas dependencias anejas. Conservando el rescoldo ilustrado que le vio nacer, cumple la función de ser el centro educativo de la zona.

Lo que todavía no ha desaparecido y nunca podrá borrarse es el eco de las tertulias que mantenían en los grandes salones aquellas lenguas ilustradas y el rumor de los coloquios amorosos entablados entre un pintor sordo y genial y una aristócrata liberada.

Con piezas dispersas por el interior del templo se ha formado el interesante **Museo de Arte Sacro,** en el que destaca el curioso Cristo de transición, tallado en madera policromada; el grupo escultórico de la *Piedad,* obra del gótico borgoñón; y otro Cristo, este de la escuela de Juan de Juni, que sorprende por su expresivo dramatismo.

En la nave izquierda refulgen dos buenos **retablos:** el de Santa Ana, la Virgen y el Niño (siglo XV y escuela castellana) y el de los Reyes (siglo XVI y escuela italiana), de excelente técnica y armonioso colorido, en el que se nos antoja inolvidable una tabla con dos niños jugando. Mientras, en el centro del segundo retablo, reina la imagen gótica de la *Virgen con el Niño.*

Se aconseja asomarse a un reducido **claustro** renacentista situado a los pies de la iglesia y formado por columnas lisas y cinco arcos de medio punto en cada panda. Se supone que este espacio formaba parte del palacio de la reina doña Berenguela, madre de Fernando III. El palacio estaba adosado a la primitiva iglesia del siglo XIII y constituía con ella una sola unidad arquitectónica.

Cerca de la plaza, el **convento de Carmelitas Calzadas** fundado en la segunda mitad del siglo XV por doña María Álvarez de Bergas invita a visitar su diminuta iglesia gótica y a contemplar el lienzo donde está pintado a tamaño natural el *Cristo de la Paciencia* (o *el Granadino*) atribuido a Alonso Cano.

Camino de las ruinas del **convento de Santo Domingo** (siglo XIV), el viandante se topa con el palacio neoclásico de los Alba. El cenobio conserva en sus muros un delicado arco conopial, una ventana ajimezada, un gran blasón heráldico y varios arcos apuntados.

Completan los atractivos de la villa la **plaza de toros,** abierta en 1951, que combina granito y mampostería y luce una atractiva puerta de entrada; la **casa de Gabriel y Galán,** vivienda que fue del administrador del duque de Alba y en la que el poeta residió como maestro; y la **torre del Reloj,** que se levanta, sólida y cuadrada, desde los tiempos en que se construyó el palacio.

Piedrahíta destaca como lugar privilegiado para la práctica de ciertos deportes como ala delta y parapente. Desde abril a octubre, la cercana **Peña Negra,** que alcanza los 1909 m de altitud, se llena de ingenios que simulan el vuelo de los pájaros.

No nos iremos de Piedrahíta sin bajar antes a las proximidades del Corneja para visitar la **ermita de la Virgen de la Vega** que, además de un valioso artesonado, guarda un pozo en su interior.

I POR EL CAUCE DEL TORMES

Desde Piedrahíta subiremos el largo *puerto de la Peña Negra* para desembocar en el valle del Tormes siguiendo una carretera de grandes soledades. El río se abre paso entre las altas cumbres de la sierra de Gredos y las mucho más modestas de la sierra de Villafranca. Hay mucho rumor de agua y mucha fronda.

Empieza el itinerario en **Hoyos del Espino,** lugar del que parten muchas excursiones hacia el corazón de Gredos y donde nos detendremos a recorrer su caserío serrano, de traza popular y sabor cada vez menos intacto. Es aconsejable acercarse a la **casa del Parque Pinos Cimeros,** ubicada al inicio de la carretera que conduce a la Plataforma, porque allí se proporciona información a quien desee conocer el Parque Regional de la Sierra de Gredos.

● ● ● ● ● ● ● ● ●

🅸 **Casa del Parque de Sierra de Gredos Pinos Cimeros**

✉ Ctra. de la Plataforma, s/n. A la salida de Hoyos del Espino por la AV 931.

☎ 920 349 046.

🖰 www.patrimonionatural.org

🕐 Consultar horarios en la web o por teléfono.

▼ Puente de origen romano sobre el río Barbellido, en Navacepeda de Tormes.

Santuario de Nuestra Señora del Espino

🕐 Todos los sábados por la tarde. Verano, de 18 h a 19 h. Invierno, de 16 h a 17 h.

En las afueras del pueblo, en una elevación a la que se llega tras rebasar un original **crucero** gótico adornado con bolas, se levanta el **santuario de Nuestra Señora del Espino** donde, en una iglesia del siglo xv, se venera la imagen de la Virgen representada en una talla románica. El templo es de una sola nave, con bóveda de crucería y adorno circular en el centro. Todo austero y granítico, de visible desnudez y recogimiento, aunque guarda un interesante retablo de estilo escurialense (siglo xvii). Se profesa mucha devoción a esta Virgen, ya que, además de escuchar las plegarias dirigidas en su día por la venerable María de Jesús y del Espino, tiene asociada una leyenda en torno al número de voluntarios que partieron a la guerra civil (72, según se refleja en el estandarte); este número se respetó íntegramente a la hora del regreso.

Junto a la iglesia aparece una **torre** exenta, que bien pudiera fecharse en el siglo xiii.

Navarredonda conserva mejor su caserío y ofrece algunos detalles de interés, todos situados alrededor de su iglesia del gótico tardío, en la que sobresalen la cabecera, la bóveda del presbiterio y la torre exenta: un potro de herrar, una fragua, restos de una calzada romana y un puente de sillares graníticos.

En **Navacepeda de Tormes,** situado a 12 km de Hoyos del Espino, la **iglesia de San Juan Bautista** dispone una galería que se asoma a la hondonada del valle. El interior del templo no ofrece grandes sorpresas artísticas: tres naves, dos arcos separadores, una bóveda gótica de finales del xv en la capilla mayor y en el resto, artesonado simple.

El río Barbellido y el Tormes se juntan y se abrazan un poco antes de llegar al pueblo. Anteriormente, ambos se adornan con dos puentes estupendos: gótico el que se eleva sobre el Tormes, que llega por aquí joven y montaraz, y de origen romano el que se alza sobre el Barbellido formando un bello **paraje*** conocido con el nombre **de Pozo de las Paredes**.

El lugar no puede ser más hermoso. El cauce se remansa de pronto, se llena de profundidad entre unas rocas cortadas como si fueran trozos de cartón. El agua, cristalina, se vuelve reflexiva y alcanza una madurez de varios metros.

Tras dejar atrás **Navalperal de Tormes** y la altiva torre de su iglesia, surge de pronto a la derecha **Zapardiel de la Ribera** con otra **torre** eclesial que comparte diálogos de altura con las cumbres de Gredos. En **La Aliseda de Tormes** nos detendremos a ver el hermoso **retablo*** de su templo parroquial.

Sobre una predela con relieves se disponen tres cuerpos, tres calles y dos entrecalles. La mazonería refleja los detalles ornamentales de la época y contiene una serie de pinturas ejecutadas en 1550 por Francisco González. Reflejan escenas de la vida de Jesús, expuestas sin orden cronológico, y también los doce apóstoles.

Aunque tiene cerca al Tormes, **Bohoyo** está articulado por un caudal de agua que es el eje del rumor en todo el pueblo. A este cauce se asoman muchas de sus balconadas de madera y de sus viejas casas de piedra. Es pueblo pintoresco, de historia muy remota, y se recorre con deleite.

I EL BARCO DE ÁVILA ✳

En El Barco de Ávila casi es tan importante el paisaje como el arte, la arquitectura como el río. O dicho de otro modo, el paisaje, con Gredos como fondo perenne de escenario, es una forma natural de arquitectura. Gredos aparece como un regazo lejano, lleno de roca y nieve. Pero el Tormes se agacha desde las pétreas alturas de su nacimiento y se hace vega, siembra sus huertas de cerezos y, algo más tarde, se remansa para pasar majestuoso bajo un puente medieval que se extiende en numerosos ojos.

Tras detenernos en la **ermita** neoclásica **del Cristo del Caño,** donde se venera la imagen gótica de un Cristo con pelo, atravesaremos el **puente medieval** (de hechuras románicas y reformas góticas) con objeto de admirar la tersura del agua y la imagen del castillo de Valdecorneja, y entraremos a la villa por lo que queda de la que fue **puerta del Puente** y pertenecía al primitivo recinto amurallado. Hay otra **puerta,** llamada **del Ahorcado,** de estilo románico, que se conserva íntegra y mantiene dos recios torreones.

La **iglesia** parroquial **de la Asunción★** (siglo xiv) luce una torre con pináculos, una portada de muchas arquivoltas defendidas por un interminable matacán y una cabecera con contrafuertes y ventanas. El interior es de tres naves, con bóveda de tracería encalada, grandes pilares, la llamada capilla del Inquisidor, dos sacristías construidas en el siglo xvi y un coro sostenido por un gran arco escarzano decorado con bolas. Sobresalen las rejas y el órgano ibérico con adornos rococó. El **Museo Parroquial,** que ocupa la antesacristía y la sala capitular, contiene objetos litúrgicos y obras de arte.

En la plaza de las Acacias resplandece el **hospital de San Miguel,** convertido en residencia de la

🛈 **Oficina de Turismo de El Barco de Ávila**
✉ Plaza de la Constitución, 7.
☎ 920 340 100, 920 340 013.
🌐 www.aytobarcodeavila.net

◀ Hoyos del Espino. Cruz gótica con adorno de bolas.

tercera edad. Muy cerca, casi asomada a la plaza, fue construida una capilla en la casa donde en 1080 vio la luz san Pedro del Barco.

La calle Mayor, que actúa como un cauce regulador del flujo vital de El Barco, lleva a otra plaza más grande y espaciosa conocida con el nombre de **plaza de España.** Tiene alguna ruptura de armonías, cierto interés y soportales. En uno de sus ángulos dormita una casa con una crestería gótica procedente del castillo de Valdecorneja. De solaz extremado gozan las ventanas que se asoman a la calle de Espeñuelas, con miradores volcados sobre la proximidad del río y la frescura de los huertos.

Debe recorrerse la **calle Nicolás de la Fuente Arrimadas** para admirar sus buenas fachadas y ciertos detalles de arquitectura típica, concretamente las tejas colocadas verticalmente en los laterales de las casas. En la **calle Mayor** subsisten dos inmuebles singulares: el **edificio de la Cárcel** (siglo XVII) que hoy alberga la Biblioteca Municipal, el Consejo Regulador de la DO Judía del Barco y varias salas de exposiciones, y la llamada **casa de los Balcones,** que luce en su fachada una puerta con arco de grandes dovelas y ventanas enrejadas de comienzos del XV.

▼ Vista de El Barco de Ávila y el castillo de Valdecorneja.

Otras viviendas destacan en El Barco: la **casa de los Gasca,** que perteneció al clérigo Pedro de la Gasca, miembro del Consejo Supremo de la Inquisición, y muestra un chaflán del siglo xv y un balcón con arco conopial; y la **casa de la Recaudación,** que exhibe ventanas de finales del xiv embellecidas por columnas de granito.

El **castillo de Valdecorneja** se eleva por encima de la mayor altura que alcanza el caserío. Fue propiedad y residencia de los Alba, quienes lo usaron para confirmar su poder sobre los dominios de su señorío. Mantiene casi íntegros los cuatro torreones cilíndricos de las esquinas, totalmente abatida la torre del homenaje y desolado su interior. Ha sido recuperado para actividades culturales.

Una senda abierta alrededor permite admirar sus dimensiones y estampa, así como una parte de las **murallas.** Fueron trazadas en el siglo xii, bajo el impulso de Raimundo de Borgoña. Rodeaban el antiguo caserío partiendo del castillo y permitían el acceso al exterior mediante varias puertas y portillos. En el paseo del Concejil, junto a la puerta del Ahorcado, se extiende un tramo bien conservado.

Se aconseja al visitante no abandonar la villa sin antes visitar el **Museo de la Judía.**

Museo de la Judía
- ✉ Paseo de Yecla, 4-26.
- ☎ 920 340 013.
- ◷ Martes a sábado, de 16.30 h a 18.30 h.
- ⓘ Abierto en el antiguo matadero, el pequeño museo trata de ilustrar la historia de esta legumbre típica de El Barco de Ávila mediante utensilios relacionados con su siembra, recolección y su uso gastronómico.

OTROS PUEBLOS DE LA ZONA

En **Aldeanueva de Santa Cruz** se esconde un **claustro*** del siglo XVI que perteneció a un antiguo convento de monjas dominicas fundado en 1522 y abandonado en 1866 cuando amenazaba ruina. Ha sido convertido en una plaza mayor de soledades que reúne una belleza deslumbrante.

La **iglesia** de **El Mirón,** pueblo que fue villa y tuvo alfoz, pertenece al siglo XV y no carece de interés. Una puerta de madera llena de grandes clavos, un pila bautismal tosca y esquemática, un coro bien labrado y dos imágenes del románico tardío descubiertas en la techumbre de la iglesia se cuentan entre lo más sobresaliente. Un robusto **rollo** gótico se halla como abandonado, a la deriva del recuerdo, en una orilla de la plaza. Ha sido restaurado su **castillo,** que se yergue sobre un cerro granítico y tuvo importancia como punto de vigilancia y fortaleza estratégica. Consta de muralla y de torre del homenaje.

El pueblo de **Becedas** atesora recuerdos históricos y arte equilibrado. Los recuerdos se refieren a santa Teresa de Jesús y a Unamuno. La Santa pasó aquí algunos meses de reposo buscando alivio para su enfermedad, pero, santa activa al fin y al cabo, recorría estos lugares e iba a orar al cementerio y a traer agua de una fuente que había en la garganta del Becedillas. Hoy el lugar donde se hospedó la Santa aparece fijado en la imprecisa memoria de las generaciones, pero en el barrio se levanta una capilla reformada y un colegio con su nombre. Y la fuentecilla ha sido revestida de piedra, ornada de una inscripción conmemorativa y su camino engalanado por un rústico jardín. Unamuno, gran amante de Gredos y sus inmediaciones, pasó aquí varios veranos.

El arte en Becedas se esconde en el interior del caserío y en su iglesia. Casas con balcones típicos alegran el discurso urbanístico y la belleza de las calles. La **iglesia*** es sorprendente. Una única y espaciosa nave se ve sustentada tan solo por tres arcos apuntados que nacen de pilares muy bajos y están empotrados en las paredes laterales. Se define de este modo un espacio alto y diáfano, muy bello, que se cierra en la capilla mayor por una bóveda de crucería estrellada y por un artesonado simple en el resto. El retablo de la capilla mayor puede calificarse de estimable: pertenece al siglo XVI, es de talla y está insertado en una mazonería posterior. Destaca el poderoso cuerpo del sagrario.

- - - - - - - - - -

Museo Etnográfico de Becedas Stanley Brandes
- ✉ Don Crisanto, 20.
- ☎ 923 430 001.
- 🕐 Primavera, verano y otoño: sábado, de 18 h a 20 h. Para visitas de grupo, llamar al teléfono citado.
- 🅿 Abierto desde 2018, reúne objetos de la vida agrícola de la zona.

▶ Circo de Gredos.

▼ Aldeanueva de Santa Cruz. Claustro del convento de monjas dominicas.

Gredos y alrededores

Tomando el corazón de Gredos como circuncentro, describiremos un amplio periplo semicircular que nos llevará desde el Parador de Turismo hasta el enclave céltico de El Raso, tomando Mombeltrán, Arenas de San Pedro y Candeleda como puntos de interés especial.

EL PARADOR

Saliendo de Ávila por la N 502, los accidentes más sobresalientes que se encuentra el viajero hasta el cruce con la AV 941 son los pináculos rocosos de *La Hija de Dios* (nombre algo blasfemo y singular), el *puerto de Menga* y el pueblo intacto y serrano de **Cepeda la Mora.** El paisaje es agradable y austero.

En la subida hacia el Parador van sucediéndose hondonadas y dehesas, todas enhebradas por un sutil caudal de agua que nace en las alturas. Es el río Alberche. La mole de los cerros se aproxima, pero las crestas principales, sembradas de manchones de nieve durante casi todo el año, tan solo se vislumbran.

El Parador es un gran edificio granítico donde hambres y fatigas se restauran razonablemente y donde la vista se recrea contemplando vigorosos paisajes. Promovido por el marqués de Vega Inclán e inaugurado por el rey Alfonso XIII en 1928, fue el primer establecimiento turístico de toda la cadena. La influencia del palacio de Piedrahíta es evidente en la concepción del edificio y en su plasmación exterior, excepto en la interesante portada gótica del siglo xv, traída de una casa solariega del pueblo segoviano de Villacastín.

EL BARRANCO DE LAS CINCO VILLAS

Conviene volver sobre nuestros pasos para visitar otra vez el lugar conocido como Venta del Obispo y acercarnos hasta **Hoyocasero,** pues un paraje de gran valor ecológico reclama nuestra atención. Se trata del *Espacio Natural Pinar de Hoyocasero**, bosque de unas 150 ha que conjuga elementos de diversos ecosistemas y ofrece una notable diversidad botánica y riqueza faunística.

Desde lo alto del *puerto del Pico* se ven los caseríos de los pueblos, el mar de estribaciones y florestas, el horizonte de un pantano. Además, y sin mirar tan lejos, se advierte la presencia de la

▼ Pinar de Hoyocasero.

calzada romana*, que sube serpenteando desde el valle hasta la cumbre del puerto. Su descenso es rápido y curvilíneo y a veces la carretera se cruza con el trazo que de la antigua vía han dejado pasos y siglos.

Una escolta de pinos esbeltos conduce a Villarejo del Valle, primero de los pueblos que forman el *Barranco de las Cinco Villas,* integrado además por Cuevas, San Esteban, Santa Cruz y Mombeltrán.

Villarejo del Valle conserva casas antiguas y rincones pintorescos. Particularmente atractiva es su **calle Mayor,** sobre todo el tramo que parte de la iglesia hacia el límite sur del pueblo.

En el interior del **templo** parroquial sobrecoge su gran bóveda de crucería, que, tras elevarse con abundantes nervaduras desde pilares muy bajos, recubre una única nave casi cuadrada. Destaca también la **portada,** adovelada como si fuera un edificio nobiliario. Se enmarca en un alfiz del que cuelga el adorno de las bolas, adorno que también se detecta en otras partes del edificio.

Mayor encanto tienen las calles de **Cuevas del Valle**, gracias a su más acusado carácter popular y serrano, y a las típicas balconadas de madera.

También es pueblo pintoresco **San Esteban del Valle*,** particularmente los lugares que aglutinan la **plaza del Pilón** y la **de España**. Hay casas con piedras del siglo XVII y del XVIII, y balconadas en general bien aseadas. El repertorio de **calles** con nombres sugestivos ofrece diversas posibilidades de interpretación: mucha pacífica penumbra contiene la calle de la Discordia y no demasiado frescor la de la Umbría. La calle de la Amargura se orienta hacia abajo, suponemos que hacia la desesperación absoluta.

La **iglesia,** de nave única y proporciones notables, lleva pilares empotrados en los muros. Recubre la techumbre una bóveda de crucería rematada en dos circunferencias casi perfectas. Está como perdida en un altar la imagen renacentista en alabastro de la *Virgen con el Niño.* Desde el exterior del templo se divisa un paisaje inigualable.

MOMBELTRÁN

Subiendo o bajando por las cercanías de Mombeltrán se ven, en un primer plano, montículos cultivados, bancales con algo de vid y olivo y, más allá, el plano oscuro de las faldas de la sierra, siempre indescifrables. Coronando las faldas aparecen las cumbres de la ladera sur de Gredos, desnudas, pétreas, reinantes.

El **castillo***, construido en 1391 por los viejos duques de Alburquerque y reformado por don Beltrán, se ve desde todos los sitios, pero desde donde mejor se contempla su silueta es desde la carretera. Es sólido, poderoso, cuadrangular y conserva los cubos cilíndricos en las esquinas, la torre del homenaje alicaída y el interior semiarruinado. Alza sus gruesos muros y sus adarves almenados sobre una colina donde triunfa el olivo.

La **iglesia,** del siglo XVI, parece algo aparatosa de fábrica, pero guarda un interior bello y delicado: bóvedas de crucería en sus tres naves, buenas rejas platerescas, dos altares de cerámica y un conjunto escultórico de Gregorio Fernández.

En la parte baja del pueblo se abre la amplia **plaza de la Corredera.** A ella se asoma la fachada renacentista del **hospital de San Andrés,** construido en 1517 por el racionero Manso y reedificado en el siglo XVIII. Bajando hacia esta plaza nos encontramos, casi en la mitad del caserío, con una calle de nombre inesperado, pues se llama travesía de la Soledad. Donde la soledad sí habita es en las ruinas del antiguo **monasterio** dominico de **Nuestra Señora de la Torre,** fundado en el año 1522 y al que se retiró en 1738 el virtuoso obispo abulense don Pedro de Ayala tras renunciar a la mitra.

También la soledad habita en las inmediaciones de la **picota** localizable en la carretera a San Esteban, cerca de la calzada romana. Es alta y solemne,

Oficina de Turismo de Mombeltrán

Plaza de la Corredera, 11.

920 386 582.

www.mombeltran.es

Abierta en verano. Viernes, de 16 h a 20 h. Sábado, de 10 h a 14 h y de 16 h a 20 h. Domingo, de 10 h a 14 h.

▲ Mombeltrán, fachada del hospital de San Andrés y ▼ castillo.

Oficina de Turismo de Arenas de San Pedro
✉ Triste Condesa, 1. Mercado de Abastos.
☎ 920 370 245.
🌐 www.turismoarenas.es

Castillo de la Triste Condesa
☎ 920 370 245 / 663 440 799.
🕐 Martes a domingo: visitas a las 10 h, 12 h y 14 h. Verano y Semana Santa: sábado, a las 17 h.
🎟 Entrada: 3 €.

▼ Torreón del castillo de la Triste Condesa, en Arenas de San Pedro.

y aparece subida a una especie de plataforma ajardinada desde la que se enfrenta, con cierta gallardía, a otras cumbres de piedra mucho más altas.

ARENAS DE SAN PEDRO

Tras detenernos en **La Parra,** nos acercaremos a **Arenas de San Pedro,** enclave en el que apenas quedan ya casas antiguas. El caserío serrano del que hablaba Ridruejo es solo un dato para la lamentación o el recuerdo. Luego veremos, en el transcurso del recorrido urbano, que hasta el **puente** medieval **de Aquelcabos,** que vigila el curso del Arenas, está sitiado por edificios modernos.

La parte menos destrozada hay que buscarla en las zonas tradicionales como la de **la Fuente de Arriba,** que fue el antiguo barrio judío, o la **del Canchal,** arrabal ubicado en las cercanías del río y habitado por moriscos y mudéjares que trabajaban en alfares, tenerías y aceñas. Este último espacio urbano, la plaza del Canchal, aglutina los rincones arquitectónicos con mayor sabor popular.

El **castillo de la Triste Condesa** (que también se conoce con el nombre del condestable Dávalos) aparece en la plaza del citado personaje. Se llama así porque de tal guisa quiso intitularse su última poseedora con renombre histórico, doña Juana de Pimentel, que se autoproclamó la «Triste Condesa» tras la desdichada muerte de su marido, el también condestable don Álvaro de Luna.

La fortaleza, terminada en 1423, es un recinto cuadrangular que luce cubos circulares en las esquinas y cuerpos prismáticos en mitad de las cortinas. Tras su rehabilitación, se puede visitar la **torre del homenaje,** que sobresale robusta, poderosa y almenada, abriéndose en huecos que conservan ventanas geminadas. Ha sido convertida en un espacio cultural de tres plantas que ofrece salón de actos, sala de exposiciones y estancia de aproximación a los personajes medievales que habitaron el castillo. También puede hacerse un recorrido completo del adarve.

La **iglesia** parroquial **de Nuestra Señora de la Asunción** (finales del siglo XIV) muestra una torre seria y cuadrada del XVI y ofrece un atractivo interior, acentuado por la fantasía de las bóvedas. Arrancan sus nervaduras ya de muy alto, cuando el cuerpo granítico de los pilares ha crecido hasta casi la espiritualidad. Un fresco del pintor Eduardo Martínez Vázquez, situado en el frontispicio del presbiterio y acabado en 1950, rompe la atmósfera de tradición y penumbra que se respira. Destaca por su colorido el friso de cerámica talaverana que Juan Ruiz de Luna instaló en la cabecera representando el santoral abulense. Lo hizo en el siglo XX. Desde 2018 se puede subir a la torre en visita guiada.

El **palacio del infante don Luis de Borbón*** se halla precedido por un jardín que se adorna con parterres. El gran edificio palaciego fue construido entre los años 1780-1783 bajo el impulso del infante desterrado y hermano de Carlos III, siguiendo los planos del arquitecto Ventura Rodríguez de la Vega. Un armonioso pórtico neoclásico se adelanta al cuerpo principal del edificio, formado por tres pisos y dos pequeños torreones laterales.

La guerra de la Independencia arrasó las riquezas mobiliarias y artísticas que quedaron tras la muerte del infante, acaecida en 1785. Hoy el edificio, parcialmente restaurado, acoge exposiciones y conciertos de música. También las obras ganadoras de los Premios Gredos de Pintura, así como una reproducción de los cuadros que Goya pintó en Arenas.

A unos 3 kilómetros de Arenas, al final de un ameno recorrido, se sitúa el **santuario de San Pedro de Alcántara**. Aunque el convento primitivo era del siglo XVI y fue fundado por este santo, casi todo lo que hoy se ve pertenece al XVIII. Carlos III fue el impulsor del proyecto de construir una capilla para el fundador y Ventura Rodríguez el encargado de llevarlo a cabo. La **Real Capilla** se terminó hacia 1767, con una suntuosidad de materiales y una

Torre de la iglesia de Nuestra Señora de la Asunción
- De martes a domingo, a las 13 h.
- Entrada: 2 €.

Palacio del infante don Luis de Borbón
- Martes a domingo: visita guiada a las 11 h. Verano y Semana Santa: sábado, a las 18 h.
- Entrada: 3 €.

Santuario de San Pedro de Alcántara
- 920 370 204.
- www.sanpedrodealcantara arenas.com
- Consultar horarios en la web.
- Entrada: 2 €.

▼ Puente de Aquelcabos sobre el río Arenal en Arenas de San Pedro.

grandiosidad de espacios que sin duda hubiera rechazado tan virtuoso varón, acostumbrado a celdas muy pequeñas y a la mortificación de su carne.

Alberga el santuario varios **museos,** con piezas expuestas en la sacristía, en varias salas y en los claustros. En ellos se reúnen cuadros diversos, recuerdos del santo, piezas artísticas y objetos de culto procedentes de las propiedades que la orden franciscana posee en diversos lugares de España.

EL ARENAL, EL HORNILLO Y GUISANDO

Los pueblos situados en las inmediaciones de Arenas poseen características comunes en lo que se refiere al paisaje y a la morfología urbana, pero con calidades de conservación bien diferenciadas. Han sufrido destrozos urbanísticos, pero conservan su sabor rural y su urbanismo de raíz serrana. En este país tan alto todas las especies se respetan y conviven: chopo, cerezo, nogal, olivo y hasta vid, en manchas reducidas.

El Arenal ha sido reedificado casi por completo. El único **retablo** existente en la **iglesia** es notable. Muy volumétrico de luz y enmarcado en una mazonería del Renacimiento, resplandece bajo la bóveda desnuda de la capilla mayor. Fue realizado en 1563 por Pedro de Salamanca y Hernando de Ávila.

Con más sabor a pueblo extiende sus casas **El Hornillo,** pero no deja de estar adulterado. Quedan, sin embargo, rincones intactos en los que fachadas antiguas tratan de sostenerse en su agonía. Desde un balcón se ve bajar un río, veloz en sus primeros nacimientos.

Pueblo rumoroso es **Guisando*,** sin duda el que mejor se conserva en los contornos de Arenas, quizás por haber sido declarado en 1976 Conjunto Histórico Artístico y Pintoresco. Un arroyo que nace entre las cumbres envuelve al caserío en la música del agua. Calles estrechas, llenas de tiestos y frescura, plazas irregulares, fachadas de vigas entramadas. El atractivo de este conjunto urbano, que tiene al pintor Martínez Vázquez como su artista más celebrado, se logra mediante algunos elementos característicos como las fuentes, las chimeneas, los remates de los tejados, las balconadas y las fachadas blancas.

Cerca de Guisando, en el *paraje El Risquillo,* ha sido aprovechada una antigua vivienda forestal para configurar la **casa del Parque El Risquillo.** En ella se proporciona amplia información sobre las características de la vertiente sur del Parque Regional. Se exponen también fotografías de todos

▲ Candeleda.

· · · · · · · · ·

ⓘ Ayuntamiento de El Arenal
✉ Pl. España, 1.
☎ 920 375 001.
🌐 www.elarenal.es

· · · · · · · · ·

Casa del Parque de Sierra de Gredos, Zona Sur, El Risquillo
✉ Paraje El Risquillo, s/n. Guisando.
☎ 920 374 055.
🌐 www.patrimonionatural.org
🕐 Abierta todos los días de la semana, excepto los martes. Consultar horarios.

los municipios del parque, una colección de útiles destinados a la extracción de resina, maquetas de casas tradicionales y un espectáculo audiovisual donde se muestra la riqueza animal y vegetal de la sierra de Gredos.

▌CANDELEDA ✳

Dejando atrás Arenas de San Pedro, la carretera a Candeleda se hace olorosa y curvilínea, y conduce a **Poyales del Hoyo,** lugar donde, en el **Aula-Museo Abejas del Valle,** se pueden observar los paneles y las abejas en pleno proceso de elaboración, además de conocer algunas curiosidades sobre su fascinante mundo. Muy cerca abre sus puertas **Gigantea,** que no solo es un taller artesanal especializado en el cartón piedra, sino que también ha dispuesto el **Museo del Juguete** valiéndose de la colección de juguetes antiguos que posee, muchos de ellos de cartón piedra, pero también fabricados con otros materiales como barro, hojalata, madera o plástico.

A partir de Poyales, los huertos, ordenándose en bancales, dejan poco a poco la altura de las cumbres para tumbarse más abajo, en el punto donde nacen las líneas de los valles. **Candeleda** recibe al visitante con una elegante avenida de palmeras. Es una planta exótica en Castilla, mas no debe olvidarse que estamos en el sur de la provincia, en la llamada «Andalucía de Ávila».

Candeleda es un pueblo grande que se organiza alrededor de tres **plazas:** la del Castillo, en la que un ejemplar de *capra hispánica* recuerda que estamos en la ladera sur de Gredos; la Plaza Mayor, con sus balcones floridos y la presencia del reloj sobre la casa consistorial; la de los Vergeles, verdadero vergel de balconadas.

El entramado de calles articuladas en torno a la del Pozo y a la de la Corredera forman un conjunto arquitectónico bien conservado y pintoresco, lleno de casas antiguas y balcones de madera donde exhiben variedades cromáticas los geranios o alcanzan su sazón los frutos de la huerta. El concurso de balcones que se celebra todos los años sirve para revitalizar la costumbre de engalanar con tiestos y flores las fachadas de las casas.

Al recorrer los rincones del caserío tiene el viajero la oportunidad de descubrir las últimas novedades incorporadas a la oferta turística: el **Museo Etnológico,** empeño inaugurado en 2012 que recoge piezas procedentes de El Raso, muestras etnográficas y un puñado de objetos relacionados con la historia de

Aula-Museo Abejas del Valle
✉ Paraje El Colladillo, s/n.
Poyales del Hoyo.
☎ 920 390 213, 678 562 905.
🖰 www.abejasdelvalle.com
🖥 Entrada: 6 €.

Gigantea y Museo del Juguete
✉ Fuente Arriba, 32.
Poyales del Hoyo.
☎ 920 390 269, 610 200 516.
🕔 Abierto fines de semana, festivos y períodos vacacionales. Cerrado domingo tarde y lunes. Se aconseja llamar previamente por teléfono.
🖥 Entrada: 4 €.

▌ Oficina de Turismo de Candeleda
✉ Corredera, 8.
Museo Etnográfico.
☎ 920 380 795.
🖰 www.ayuntamiento candeleda.es

Museo Etnológico
✉ Corredera, 10.
☎ 920 380 001 (Ayuntamiento).
🖰 www.ayuntamiento candeleda.es
🕔 Jueves y viernes, de 17 a 20 h. Sábado, de 10 a 14 h y de 16 a 20 h. Domingo, de 10 a 14 h.
🖥 Entrada gratuita.

• • • • • • • • •
**Museo del Juguete
de Hojalata-
Casa de las Flores**
✉ Umbría, 2.
☎ 920 380 032/ 639 134 428.
🖰 www.juguetesdehojalata.es
🕐 Mañanas, de 10 h a 14 h.
Tardes, de 17.30 h a 20 h.
🎫 Entrada: 4 €.

la localidad; la **casa de la Judería,** vivienda del siglo xv que perteneció a la Inquisición, ha sido convertida en alojamiento rural; y el **Museo del Juguete de Hojalata-Casa de las Flores,** que ha logrado reunir más de 2.000 piezas de hojalata procedentes de diversos países. Se muestran desde 2009 en un inmueble de 1862 que exhibe una admirable exuberancia vegetal en sus balcones.

De la **iglesia de Nuestra Señora de la Asunción*** diremos que su cabecera es del siglo xiii, y del xv el resto. Posee artesonado, un retablo de talla de 1560 que contiene motivos de la Virgen, un retablo de cerámica del xvi que representa escenas de carácter religioso cuyo autor es el talaverano Juan Fernández y una reja del xv, que cerraba el presbiterio y ha sido colocada en una capilla lateral donde se guarda una pila bautismal que tiene esculpidas escenas caballerescas.

Se recomienda acercarse a la **ermita de Nuestra Señora de Chilla,** situada en las faldas de Gredos y a unos 5 km del pueblo, en un paraje ameno y

▼ Sierra de Gredos.

lleno de buenas perspectivas. La ermita, construida en el siglo XVIII, alberga en la capilla mayor un retablo barroco con pinturas. Cerca del santuario se levanta el *fresno de la Virgen de Chilla,* que está incluido en el *Catálogo de Especímenes Singulares de Castilla y León*.

Poco más allá, en el enclave de **El Raso,** se halla un **castro** celta que llegó a ocupar 18 ha. Se ha descubierto un torreón que tuvo 6 m de altura y controló la zona oriental del poblado. Las últimas intervenciones arqueológicas tratan de resaltar la extensión y la monumentalidad de la muralla. En el **Museo Arqueológico Municipal** de El Raso se puede contemplar más de medio centenar de piezas, entre las que destacan urnas funerarias de la necrópolis y objetos de la vida diaria.

No conviene abandonar Candeleda sin antes visitar sus conocidas *gargantas* (de Chilla, de Tejea, de Alardos) y, en especial, las piscinas naturales formadas en la garganta de Santa María, muy concurridas en verano.

Museo Arqueológico Municipal de El Raso
- ✉ Claudio Sánchez Albornoz, El Raso.
- 🌐 www.ayuntamiento candeleda.es
- 🕐 Invierno (octubre-noviembre): viernes, de 17 h a 19 h; sábado, de 10.30 h a 15 h y de 17 a 19 h; domingo, de 10.30 h a 15 h. Verano (abril-septiembre): viernes, de 17 h a 20 h; sábado, de 10.30 h a 15 h y de 17 h a 20 h; domingo, de 10.30 h a 15 h.

Visitas guiadas especiales
- 🕐 Durante la temporada de verano: sólo los jueves y bajo reserva previa.
- ☎ 681 942 137.
  Comienza a las 9 h y se prolonga hasta las 13 h. Recorre el perímetro de la muralla, la zona urbana y las casas musealizadas.
- 🎫 Entrada: 8 €.

Visitas guiadas por las casas musealizadas
- 🕐 Pases a las 10 h, 11 h, 12 h y 13 h.
- 🎫 Entrada: 3 €.

Tierra de Pinares y valles del Alberche y del Tiétar

Tras deambular en la primera parte de este itinerario por tierras de cepas y pinares, nos dejaremos conducir posteriormente por el curso fluvial del Alberche y del Tiétar para conocer de su mano pueblos, gentes y paisajes.

Oficina de Turismo de Las Navas del Marqués
✉ Paseo de las Damas, s/n.
☎ 918 972 000.
🖥 www.navas delmarques.com
🕑 Sábado, de 10 h a 14 h y de 16 h a 18 h. Domingo, de 11 h a 14 h.
En julio y agosto, abierta de martes a sábado, de 10 h a 14 h y de 18.30 h a 21 h. Domingo, de 11 h a 14 h.

▼ Castillo de Magalia, en Las Navas del Marqués.

LAS NAVAS DEL MARQUÉS

Aunque no han sido encontrados restos arqueológicos que lo atestigüen, se tiene la creencia de que el origen de Las Navas se remonta a tiempos prerromanos. Fue repoblado en los años del conde don Raimundo, convirtiéndose más tarde en cabeza de señorío y luego, durante el reinado de Carlos I, en marquesado que se otorgó a don Pedro Dávila.

De los tiempos del marqués se conservan las piedras del castillo y sus alrededores, es decir, la parte más antigua y menos destruida del pueblo, además de su **iglesia** parroquial, que es del siglo XV, y el convento de Santo Domingo y San Pablo, fundado por don Pedro Dávila a mediados del XVI. Casas bajas con muros de granito conviven con edificios modernos.

El **castillo de Magalia,** también llamado de los marqueses de las Navas o de los duques de Medinaceli, ha conocido diversos propietarios, pertene-

ciendo actualmente al Ministerio de Cultura. Hoy se usa como centro de convenciones y congresos para empresas. Lo más interesante de la fortaleza, aparte su imagen de robustez y poderío, es el juego de sus torreones. Antes de entrar al patio, entre uno de los cubos y la fachada principal, se esconde un balcón menudo e íntimo. El **patio★** renacentista es de cautivadora belleza.

Muy cerca del castillo puede verse la fábrica granítica de la iglesia que formó parte del **convento de Santo Domingo y San Pablo.** Es grande, espléndida, robusta, de una altura poco usual. Tras su restauración se ha destinado a espacio cultural.

Conviene visitar las tres **necrópolis altomedievales** que se encuentran en el término municipal de la localidad.

CEBREROS

Situado al pie del cerro de Castrejón, Cebreros es un pueblo grande y animado, con una plaza de España que funciona como un enorme corazón. A ella se asoma la mole del templo parroquial, tan grande como el pueblo. La **iglesia de Santiago★,** construida en el año 1550, es obra de Alonso de Covarrubias y posee un interior grandioso y herreriano. Seis grandes **columnas toscanas** separan las tres naves y sostienen la techumbre, que presenta bóvedas pintadas. Un gran **retablo** neoclásico ocupa la capilla mayor y se acompaña de otros dos retablos del mismo estilo, situados al comienzo de las naves laterales. Son obras armónicas, también grandiosas, muy bien adaptadas a las dimensiones catedralicias del templo. José Leonardo, pintor manierista de la escuela madrileña, es el autor del retablo mayor, mientras que Luis Fernández, artista de la misma época, lo es del de la derecha, desconociéndose el nombre del tercero.

Conviene visitar en Cebreros el **Museo de Adolfo Suárez y la Transición,** abierto en lo que hasta hace poco eran las ruinas de la primera iglesia que tuvo el municipio. Tanto la portada del gótico isabelino como el antiguo y melancólico festival de arquerías se integran en la estructura del nuevo espacio expositivo, que hace un sabroso acercamiento a la figura del expresidente y la etapa política que protagonizó.

Ya en las afueras y frente a la totalidad del valle amplio y abierto, se levanta una **picota** señorial del siglo XIV. No deja de ser una siniestra ironía que los que iban a ser ajusticiados pudieran contemplar el valle tan fecundo.

Museo de Adolfo Suárez y la Transición
✉ Calle Iglesia Vieja.
☎ 918 630 133.
🖥 www.museoadolfosuarez
 ylatransicion.com
🎫 Entrada: 3 €.

▼ Museo de Adolfo Suárez y la Transición.

Por un camino asfaltado se accede a la **ermita de Valsordo,** al **puente** románico **de Valsordo** y al **de Santa Justa.** El agua y el granito conforman un paraje de espléndida belleza.

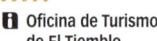

**Oficina de Turismo
de El Tiemblo**

Paseo de Recoletos, s/n.

918 625 002.

www.eltiemblo.es

De julio a octubre.

EL TIEMBLO

En su casco urbano conserva la **iglesia de Nuestra Señora de la Asunción** (siglo XV), el **Ayuntamiento** y la ermita de San Antonio (siglo XVIII). En el templo parroquial sobresale la cabecera, con su juego de contrafuertes y ventanas, que se recubre en el interior con altas bóvedas de crucería. Guarda algunas piezas artísticas de interés como la *Virgen con el Niño* (talla del siglo XV) y el *Ecce Homo* de comienzos del XVI. Es interesante y de mucha fantasía el exterior de la **ermita de San Antonio,** construida en tiempos de Carlos III. La **fachada** de la antigua posada (siglo XVI) ha sido arrancada del lugar que ocupaba y, solitaria y descontextualizada, da la bienvenida al visitante. Se encuentra en una de las múltiples rotondas de entrada.

Se ha incorporado a la oferta turística de la localidad un **horno de tinajas**, un **pozo de nieve** y un **castañar** con ejemplares centenarios que se tiene como el de mayor extensión de la Cordillera Central.

En el término municipal de El Tiemblo se localizan los famosos **toros de Guisando** y un **monasterio de Jerónimos.**

▼ Castañar de El Tiemblo.

CURSO DEL ALBERCHE

Desde El Tiemblo, una desviación permite llegar a **El Barraco,** pueblo con muchas edificaciones nuevas que han unido a la prosperidad material la destrucción de los signos urbanísticos autóctonos.

En materia de arte, lo más interesante es el **Ayuntamiento** y la **iglesia.** El primero es de 1565 y se muestra sólido y robusto, con dos arcos de piedra, dos balcones, un reloj y un campanillo en su fachada principal. La segunda posee una fábrica de finales del siglo XV, con una bella puerta adovelada en la fachada norte y una torre poderosa. Abunda exteriormente la decoración de bolas. Tres grandes arcos dividen en tres naves el espacio interior. Sujetan la estructura otros tantos pilares que parece que pierden la verticalidad a medida que se van elevando. Un **retablo★** de mediados del XVI, de grandes dimensiones, que se tiene como uno de los mejores de la provincia y se compone de esculturas y pinturas, adorna la capilla mayor, que se cubre con bóveda de crucería. Intervinieron en la talla de las imágenes los escultores Juan Rodríguez, Pedro de Salamanca y Lucas Giraldo.

Los toros de Guisando

En el límite con la provincia de Madrid y dentro de la demarcación territorial de El Tiemblo, los **toros de Guisando** pacen en un silencio milenario y se alimentan de soledad y tiempo. Son cuatro figuras zoomorfas labradas en piedra berroqueña y están allí de pie, plantadas desde los siglos III-II a. C., pero podrían ser muchas más, pues forman parte de un rebaño legendario y misterioso que fue esparcido por la parte central de la Península y poco a poco se va desenterrando.

Se desconoce cuál pueda ser su significado y no se sabe si solo son toros de granito, o verracos ibéricos, o dioses prerrománicos, o figuras conmemorativas o emblemas simbólicos. Sí que son romanos los caracteres de la inscripción funeraria que en un costado hizo grabar, a golpes de cincel, un tal Longino, quien quiso honrar de esta manera la memoria de su padre.

Cercados por la historia y la tapia de la Venta Juradera, están allí grandes, perfectamente alineados, poderosos y pétreos, aunque uno presenta una grieta en un costado y todos sufren cierto deterioro por la erosión del tiempo. Ajenos al tráfico de la carretera que pasa junto a Villaviciosa, son testigos de un tiempo ya pretérito y también de un acontecimiento capital en la historia de España, que aparece resumido en una inscripción de la tapia: «En este lugar fue jurada doña Isabel la Católica por princesa legítima y heredera del reino de Castilla y León el 19 de septiembre de 1468».

Los toros miran al **monasterio de Jerónimos** erigido en la montaña situada enfrente. El primer cenobio fue fundado en el siglo XIV, pero las llamas obligaron a mediados del XVI a construir el segundo, que también sufrió un incendio en 1979. Hoy quedan en pie algunas partes de la iglesia y el claustro, diversas dependencias y la ermita de San Miguel, cuya construcción se debe al segundo marqués de Villena y a la que se accede por una escalinata de piedra labrada en la roca.

El Barraco cuenta con el **Museo de la Naturaleza Valle del Alberche**. En sus salas se expone la riqueza y la diversidad zoológica atesorada por el río Alberche, agrupándose en áreas temáticas relacionadas con el bosque, el río, la noche y la caza y la pesca. En la sala principal destaca una escultura de casi 6 m de longitud que representa un grupo de ciervos perseguidos por dos lobos.

Nada más salir de El Tiemblo con dirección a Burgohondo aparece el *pantano de Burguillo,* pequeño mar que surge en un valle formado por unos picos muy altos y siembra su perímetro de rocas desnudas y casas privadas. Fue inaugurado en 1913 y ocupa una superficie de 910 ha.

Junto al embalse surge la desviación que conduce a la *Reserva Natural Valle de Iruelas,* que ofrece muchos atractivos para los amantes del paisaje y la naturaleza: un núcleo de turismo rural, un ecosistema con gran riqueza botánica y faunística, diversas rutas de senderismo y la llamada **casa de la Reserva,** lugar donde se proporciona información sobre el espacio protegido.

A orillas del Alberche, **Navaluenga** ha sido convertida en sitio de veraneo. Ajeno a los destrozos urbanísticos, el Alberche, lánguido y sutil, dibuja una lámina de verdor a lo largo del cauce. Un cauce que se remansa al pasar bajo los cuatro arcos del espléndido **puente** gótico (siglo XIV). Otros atractivos ofrece la localidad: la **iglesia de Nuestra Señora de los Villares,** templo de finales del XV que muestra una portada decorada con un alfiz de bolas y esconde cuatro grandes arcos carpaneles y una pila

**Museo de la Naturaleza
Valle del Alberche**
✉ Urbanización
Los Chopos, s/n.
☎ 920 281 285.
🖰 https://museobarraco.
wordpress.com
🎟 Entrada general: 5 €.

🏠 **Casa de la Reserva
Natural del Valle de Iruelas**
✉ Poblado de las Cruceras,
s/n. El Barraco.
☎ 918 627 623.
🖰 www.patrimonionatural.org

🏠 **Oficina de Turismo
de Navaluenga**
✉ Iglesia, 31.
☎ 920 286 001.
🖰 www.aytonavaluenga.es
🕐 En julio y agosto,
fines de semana y puentes
de 9 h a 14 h.

▼ Pantano de Burguillo.

bautismal de comienzos del XIII; un lacónico **potro de herrar** y dos yacimientos arqueológicos: la **necrópolis del cerro de San Marcos** (siglo VII) que conserva restos de viviendas, y la **necrópolis de Fuenteávila** (siglos IX al XII), que tiene al menos 15 tumbas excavadas en la roca.

Burgohondo debió de tener un caserío pintoresco y serrano hace muchos años. Hoy apenas pueden espigarse algunos rincones típicos y un puñado de casas singulares. Este pueblo, notable en otros tiempos, cabeza de señorío de las Ordenes Militares, cuenta con una sencilla **iglesia** románica del siglo XII alrededor de la cual, y en centurias posteriores, se fue creando una abadía. A partir del siglo XIV se documenta la presencia de monjes agustinos, presencia que se prolongó hasta el XIX.

En el interior del templo, varios pilares cilíndricos proporcionan apoyo a unos arcos grandes y macizos que sostienen una techumbre recubierta en su nave central de una bella **armadura** mudéjar, de par y nudillo, instalada en la primera mitad del siglo XVI. Tras el retablo churrigueresco de la capilla mayor se esconden **pinturas murales** del XIII. En el espacio del coro, un cerramiento de madera custodia una sillería con 17 asientos. La **torre**, airosa, fue levantada en la primera mitad del XVI.

CUEVAS DEL ÁGUILA

A unos pocos kilómetros de **Ramacastañas** están las cuevas del Águila. Lo que hace muchos años (se descubrieron en 1963) tuvo ribetes de hallazgo y aventura es hoy una explotación turística de masas.

Si se consigue huir de las aglomeraciones, es posible deleitarse en la fantasmagoría figurativa de las imágenes, la belleza mineral de las estalactitas, las fantasías del techo reflejadas en los espejos del agua, los efectos de la luz en la gran bóveda central, que es como un templo gótico de hace miles de años.

VALLE DEL TIÉTAR

Pasaremos por **Lanzahíta** para degustar los frutos de su huerta y para ver el retablo renacentista de su templo parroquial, y también el **templo** mismo (finales del siglo XV), construido en sillería de granito y no carente de interés. El **retablo***, que alterna pintura y escultura, obedece a los cánones estéticos de la escuela castellana del XVI. Trabajaron en esta gran obra de arte Pedro de Salamanca en las tallas (ayudado por su colaborador Juan Frías) y el maestro Jerónimo de Ávila en las tablas. Son de excelente factura los relieves de las imágenes

▲ Reserva Natural Valle de Iruelas.

ℹ Oficina de Turismo de Burgohondo
✉ Esperanza, 18.
☎ 920 283 199 / 013.
🌐 www.burgohondo.es
🕐 Abierta en invierno los fines de semana, puentes y festivos. En verano todos los días excepto lunes y martes.

Cuevas del Águila
☎ 920 377 107.
🌐 www.cuevasdelaguila.com
🕐 Primavera-verano: de 10.30 h a 13 h y de 15 a 19 h. Otoño-invierno: de 10.30 h a 13 h y de 15 a 18 h.
🎟 Entrada: 10 €.

••••••••••

**ⓘ Oficina de Turismo
de Pedro Bernardo**
✉ Parque del Rollo.
☎ 920 387 001.
🖰 www.pedrobernardo.
es

••••••••••

**ⓘ Oficina de Turismo
de Piedralaves**
✉ Plaza de la Constitución, 8.
☎ 918 665 002.
🖰 www.piedralaves.es
🕓 Horario: consultar web.

▼ Garganta de Nuño Cojo,
cerca de Piedralaves.

exentas, y notables los frontales de altar, hechos de cerámica talaverana.

Ya no existen en la plazuela de la iglesia las casas típicas que se adornaban con balcones de madera, pero se alivia el ánimo del viajero cuando comprueba la permanencia del **puente** medieval visible en la garganta de la Eliza y la **ermita de Nuestra Señora del Prado,** que presenta buenas hechuras a pesar de haber sido reconstruida en la década de los 90.

Conviene subir hasta la altura donde se asienta **Pedro Bernardo*.** El pueblo se autoproclama «Balcón del Tiétar», y sin duda es un balcón, mas el río no se ve, sino solo su vega, ancha y dilatada. Mientras se asciende al caserío aparecen bancales cultivados y huertos donde abundan las higueras. Olivos y encinas se extienden por la lejanía.

Desde el exterior, el pueblo parece diáfano y lleno de posibilidades paisajísticas en el semicírculo que forma en la montaña, pero si se penetra en su interior se vuelve umbroso y laberíntico. Trepan las calles hacia lo infinito, creando rincones rebosantes de tipismo. Cuestas empinadas y pasadizos secretos. Casas nuevas y viejas conviven en difícil armonía logrando lo trivial y también lo pintoresco. Es en los **barrios de los Adobes y las Casillas** donde se concentran las mejores muestras de una arquitectura popular caracterizada por la presencia de portales, pasadizos, fuentes, balconadas y callejas. Ni siquiera la presencia del **rollo** de justicia y de la **iglesia de San Pedro Advíncula** sirve para sustraer protagonismo a la fuerte personalidad que muestran las calles y fachadas de un pueblo que ha sido declarado Conjunto Histórico-Artístico.

Piedralaves* conserva muchas casas con sus balconadas de madera. Una pugna se ha desatado entre las fachadas nuevas y las viejas. Las primeras incorporan la madera a sus balcones y las segundas renuevan en ocasiones sus deterioradas balconadas. El casco antiguo vive una situación de cierto equilibrio entre estas fuerzas contrapuestas, manteniendo en general su sabor íntegro y personalizado. Es en los alrededores de la iglesia y del Ayuntamiento donde se localizan las mejores casas y las mejores balconadas. El granito labrado abunda en los huecos y recercos, en dinteles, jambas y esquinas, manteniendo en pie un grupo de viviendas del siglo XVIII que ofrecen amagos de solidez y belleza.

Forman parte de la plaza de la Constitución el edificio del **Ayuntamiento,** levantado en 1772, que brinda una robustez abrumadora, y la **torre del Reloj,** que se corona con una espadaña con

▲ Castillo de La Adrada.

campanillo. Y configura un atrevido chaflán en una calle la **casa de los Balcones,** que tiene tantos como ventanas en todas sus fachadas.

De su **iglesia,** lo más interesante –y lo es mucho– es el **artesonado** mudéjar de su capilla mayor. Por las calles del casco antiguo deambuló León Felipe, quien, entre verso y verso, ejerció de boticario en este pueblo, así como también Juan Ramón Jiménez, muy aficionado a las boticas, el cual oficiaba de poeta incluso cuando veraneaba.

La Adrada obtuvo la distinción de villa a finales del siglo XIV, de manos de Enrique III, siendo más tarde cabeza del señorío de los Montijo. Su caserío se halla medianamente conservado, concentrándose alrededor de la **plaza de la Villa** los mejores rincones y las mejores casas, algunas blasonadas. El **castillo,** también del XIV, fue pura ruina hasta su restauración y conversión en el **Centro de Interpretación del Valle del Tiétar**. De las reformas hechas en el siglo XVI conserva un patio con brocal y pozo. Merece visita el **templo** parroquial, cuya construcción se inició en el XVI, y también su retablo churrigueresco.

Se aconseja asistir en La Adrada al vistoso **Mercado Medieval**, que se celebra a finales de abril-comienzos de mayo y fue declarado Fiesta de Interés Turístico Regional en 2023. Estandartes y banderolas engalanan las calles de la villa, que acogen puestos de artesanía, animales, música, teatro y gentes ata-viadas con indumentaria de la época.

. . . .

🛈 **Oficina de Turismo de La Adrada**
✉ Castillo.
☎ 918 670 011 (Ayuntamiento), 690 873 136 (castillo).
🖰 www.laadrada.es

. . . .

Centro de Interpretación del Valle del Tiétar
☎ 690 873 136.
🖰 www.turismo castillayleon.com
🖰 http://laadrada.net

Dónde...

GASTRONOMÍA

Predomina en la gastronomía abulense la cocina tradicional, es decir, la cocina de siempre, centrada más en la calidad y autenticidad de los ingredientes que en la novedad de su aderezo o en el espectáculo de la presentación.

Es cocina sin etiquetas o añadidos como pudieran ser «nuevo» «moderno» o «posmoderno», coletillas que a veces suponen merma del bolsillo, arte en la disposición de los ingredientes, títulos muy largos, raciones escasas y en ocasiones exceso de salsa novedosa que puede llegar a disfrazar los sabores.

Así, la cocina de la provincia está basada en los productos de la tierra, que se presentan bien aderezados, con sustancia y sabor, adecuados para comer con regalo pero sin extravagancias. Para hacer un resumen de la gastronomía de Ávila, nada mejor que confeccionar un menú de síntesis.

▌Entradas

A modo de entremés, se pueden degustar unos espárragos de Lanzahíta, unos pimientos rellenos procedentes de Arenas de San Pedro o un gazpacho veraniego elaborado con productos del valle del Tiétar. O bien, picar entre diversas variedades de embutido, concretamente del chorizo de Muñogalindo, de Velayos o de la zona de El Barco. Es preceptivo catar las famosas judías de El Barco, tal vez precedidas de unas *patatas revolconas* (que no por humildes son de despreciar), bien en forma de tapa o de ración más amplia.

▌Pescados y carnes

En el capítulo de los pescados, no se puede tomar otra cosa sino la delicada y sabrosa trucha del Tormes, muy solicitada por los paladares exigentes.

En el capítulo de las carnes, la oferta es más amplia: chuletón de Ávila, plato muy extendido por toda la geografía provincial; ternera del valle de Amblés, blanca, tierna y jugosa, que goza de denominación de origen y alcanza tan altas calidades por una insólita conjunción de bondades en aguas, tierras y pastos; lomo en aceite; caldereta de cordero, sobre todo si es de Candeleda; cordero y cochinillo asado, que debe degustarse preferentemente en Madrigal de las Altas Torres y, sobre todo, en Arévalo, villa que, como otras muchas de la geografía española, atrae más viajeros por su oferta gastronómica y por la fama de su buena mesa que por la riqueza histórica y monumental que atesora. En estas dos últimas especialidades se recomienda que, dadas sus excelencias y para no enturbiar o distraer la atención de las papilas gustativas con otros manjares, tanto el cordero asado como el cochinillo se tomen como mandan los cánones, es decir, como plato único, acompañados –eso sí– de la imprescindible ensalada y sin olvidar la compañía del pan y del jarro de vino.

Si estamos a punto de decir adiós a la Cuaresma, se recomienda el poco penitencial *hornazo,* aumentativo que no es otra cosa sino una hogaza de pan llena de diversos ingredientes: lomo, longaniza, huevo cocido y un aderezo de torreznos. No puede dejarse de citar el *cocido morañego*, que en olla de barro alcanza al fuego su punto de sabor y se nutre de los aterciopelados garbanzos de la tierra, con la sabrosa compañía de algo de repollo, morcillo y tocino.

Postres

Finalmente, en el capítulo de los postres, pueden sugerirse los melocotones de Navaluenga y Burgohondo, sin despreciar las peras de Villafranca o, en general, las frutas del Barranco de las Cinco Villas. Si es verano, sandía de Piedrahíta. Si es otoño o invierno, queso de cabra procedente de Candeleda o de oveja que paste en Mijares.

No pueden faltar los postres caseros, que se prodigan con diversas exquisiteces a lo largo de la provincia, o las conocidas yemas de Santa Teresa, elaboradas con azúcar y yema de huevo.

Vino

Y faltaba el vino, ardua materia en la que en esta ocasión es obligado pronunciarse por algún caldo de Cebreros. Desde lo alto del puerto de Arrebatacapas se posee una perspectiva completa de la zona: mirando al sol y al mediodía, viñedos montaraces se sitúan en la falda de los cerros.

Una vez conseguida la Denominación de Origen Protegida en 2017, las 22 bodegas existentes tratan de hacerse un hueco en el mercado de los vinos de calidad. La DOP cuenta con 35 municipios y 500 ha de viñedo, de las que un alto porcentaje tiene más de 50 años. Las principales variedades empleadas (garnacha tinta y albillo real) sirven para elaborar unos vinos (blancos, rosados y tintos) con personalidad y carácter, densos y bien estructurados.

Restaurantes

ÁVILA

Alcaravea

- ✉ Plaza de la Catedral, 15.
- ☎ 920 226 600.
- ⌨ www.restaurante alcaravea.com
- 🍽 Precio medio: 30 €.

Acogedora casa de comidas que compagina propuestas de cocina tradicional y contemporánea, ofreciendo platos de una cocina honesta, equilibrada y apetitosa. Buen servicio.

El Almacén

- ✉ Ctra. Salamanca, 6.
- ☎ 920 254 455.
- ⌨ www.restaurante elalmacen.com
- 🍽 Precio medio: 50 €.

Antiguo almacén de grano con vistas a la muralla. Toques de creatividad armonizan lo clásico y lo moderno. Excelente carta de vinos, que mima el sumiller Julio Delgado. Recomendado en la Guía Michelín 2023.

Bococo

- ✉ Estrada, 11.
- ☎ 920 223 646.
- ⌨ www.restaurante bococo.es
- 🍽 Menú especial: 38 €.

Alrededor de un patio con columnas de granito se configura un comedor minimalista de tonos claros que transmite elegancia y bienestar. Desde su apertura en 2009, ha ido escalando posiciones hasta situarse a la cabeza de las preferencias abulenses. Cocina tradicional actualizada que respeta la calidad de la materia prima utilizada.

Las Cancelas

- ✉ Calle Cruz Vieja, 6.
- ☎ 920 212 249.
- ⌨ www.lascancelas.com
- 🍽 Precio medio: 30-40 €.

Restaurante ubicado en el patio de columnas de una casona del siglo xv. Especialidades en cocina de temporada, platos tradicionales y carne al horno de leña.

Los Candiles

- ✉ Pedro de Lagasca, 5.
- ☎ 920 213 102.
- ⌨ www.loscandilesavila.es
- 🍽 Menú: 38 €. Menú con entrecot o solomillo: 42 €.

En un pequeño pero grato comedor se puede disfrutar de la comida típica de la zona, bien elaborada y presentada, entre la que se incluye el que quizás sea el mejor chuletón de Ávila. El menú está formado por platos de la carta (un primero, un segundo y un postre, además del vino).

Los Canteros

- ✉ Ctra. de la Estación, 8. Mingorría.
- ☎ 920 200 317.
- ⌨ www.restaurante loscanteros.com
- 🍽 Precio medio: 45 €.

A 10 km de la ciudad de Ávila se localiza este restaurante orientado hacia los asados en horno de leña y la cocina tradicional de calidad. Carnes de cabrito, cordero y cochinillo son tratadas con un toque preliminar de brasas de encina y, posteriormente, asadas en horno de leña. Especialidad en pucheros.

Siglodoce

- ✉ Plaza de la Catedral.
- ☎ 920 252 885.
- ⌨ www.siglodoce.com
- 🍽 Menú del día: 30 €. Menú degustación: 60 € (dos personas).

En un edificio del siglo xii adornado con objetos etnológicos que otorgan una atmósfera de antigüedad al ambiente, se pueden degustar los menús que ofrece este local especializado en la cocina típica abulense. Carta para celíacos.

Taberna de los Verdugo

- ✉ López Núñez, 6.
- ☎ 920 257 314.
- ⌨ www.tabernade losverdugo.com
- 🍽 Precio medio: 35 €.

Platos de cocina moderna y tradicional se sirven en este céntrico restaurante que ofrece una buena relación calidad/precio. Recetas elaboradas con productos frescos de proximidad, que contemplan opciones veganas, vegetarianas y celíacas.

ARENAS DE SAN PEDRO

El Marquesito

- ✉ Ctra. de Guisando, 9.
- ☎ 647 927 742.
- ⌨ www.restaurante-el-marquesito.es
- 🍽 Menú diario: 12 €.

Cocina casera bien elaborada, que proporciona en su menú diario diversas posibilidades de elección. Conviene atender las sugerencias del día y de la temporada. Comedor con atractiva decoración interior.

ARÉVALO

Asador Las Cubas

- ✉ Figones, 11.
- ☎ 920 300 125.
- ⌨ www.asadorlas cubas.es
- 🍽 Precio medio: 35 €.

La estrella de la carta sigue siendo el cochinillo asado, sin que sean de despreciar el cordero lechal, el revuelto de morcilla con piñones y las mollejas de cordero. De postre, flan de queso.

Asador Siboney
- ✉ Figones, 4.
- ☎ 920 301 523.
- 🖥 www.asadorsiboney.com
- 🍽 Precio medio: 35 €.

Nombre tan exótico en la Moraña es debido a que se ubica en el palacete colonial de una familia cubana. El comedor, que muestra su horno de asar a la vista de los comensales, está decorado con una gran cantidad de obras de arte. Especialidades en lechazo y cochinillo de Arévalo.

EL BARCO DE ÁVILA

El Almirez de Francisco Álvarez
- ✉ De la Pasión, 2.
- ☎ 920 341 138 / 628 501 984.
- 🖥 www.restaurante elalmirez.es
- 🍽 Menú del día: 13,50 €.
  Menú tradicional: 28,50 €.
  Menú degustación: 55 €.

Abre sus puertas en la Plaza Mayor este restaurante que cuenta con un comedor amplio y luminoso, respeta la distancia entre las mesas y trata de rendir homenaje a las tradiciones gastronómicas de la comarca. Patatas revolconas, sopa de cachuela, judías de El Barco con cerdo ibérico a la brasa y, de postre, cazuela borracha. Se ofrece comida para llevar.

Ly.2
- ✉ Ctra. Soria-Plasencia, km 337.
- ☎ 606 428 230.
- 🖥 www.restaurantely2.es
- 🍽 Precio medio: 25 €.

Junto a las piscinas municipales se sitúa este restaurante que en su agradable comedor ofrece una cocina creativa que apuesta por la calidad y se fundamenta en los pescados frescos, las carnes tiernas, las verduras del día y los postres caseros. Menú del día y de fin de semana.

CANDELEDA

Casa Pepe
- ✉ Plaza Mayor, 6.
- ☎ 648 181 946.
- 🍽 Menú del día: 15 €.
  Menú de domingo: 27 €.

Comida casera de calidad ofrecida en la Plaza Mayor de Candeleda y materializada en las especialidades de la cocina tradicional castellana.

El Refugio de Chilla
- ✉ Paraje de Chilla, km 7.
- ☎ 920 380 635.
- 🖥 www.elrefugiodechilla.es
- 🍽 Precio medio: 15 €.
  Menú diario: 12 €.

Frente al santuario, en un comedor de grandes ventanales que brinda vistas espectaculares al valle y a los volúmenes barrocos de la ermita, se puede saborear una cocina innovadora que no rehúye las raíces de la tradición. Carnes de la zona y pescados.

El Mirador de Gredos
- ✉ Castro Celta, s/n.
- ☎ 920 389 822 / 655 979 266.
- 🖥 www.restauranteel miradordegredos.com
- 🍽 Precio medio: 30 €.

Amplísima terraza convertida en mirador donde se pueden degustar platos de cocina tradicional y actual elaborados con los productos de la comarca. Carnes y pescados a la brasa.

HOYOS DEL ESPINO

La Mira de Gredos
- ✉ Ctra. de El Barco AV 941.
- ☎ 920 349 023.
- 🖥 www.lamira degredos.com
- 🍽 Precio medio: 40 €.
  Menú tradicional: 38 €.
  Menú degustación: 70 €.

En un gran comedor acristalado con vistas a la sierra de Gredos se degusta una cocina tradicional donde destacan las carnes. Patatas revolconas, alubias de Navalonguilla y ternera de Ávila. Postres elaborados en su propio obrador, entre los que destaca el hojaldre de manzana reineta. Recomendado en la Guía Michelín 2023.

La Galana de Gredos
- ✉ Ctra. de la Plataforma, km 0,200.
- ☎ 920 349 179.
- 🖥 www.lagalanadegredos. com
- 🍽 Menú de temporada: 17,50 €. Menú degustación: 30 €.

Restaurante de comida tradicional que se nutre de las materias primas existentes en la zona. De los dos comedores que posee, sobresale el acristalado, que tiene salida directa a la terraza y permite contemplar paisajes espléndidos.

NAVARREDONDA

La Casita
- ✉ Del Cañuelo, 4.
- ☎ 920 348 253 / 689 084 024.
- 🍽 Precio medio: 35 €.

Comedor de pequeñas dimensiones y decoración rústica donde se degustan platos tradicionales adornados con un toque de modernidad y elaborados con productos de la zona. Trato familiar y cercano. Especialidad en cochinillo asado.

LAS NAVAS DEL MARQUÉS

Montecarlo

- ✉ García del Real, 24.
- ☎ 918 970 649.
- 🖥 www.restaurante montecarlo.es
- 🍽 Precio medio: 40 €. Menú: 18 €.

Cocina de mercado que se renueva e reinterpreta aunque sin perder su compromiso con los productos de primera calidad. Carnes, guisos y especial importancia a los pescados. Re-

postería casera con toques de autor.

PIEDRAHÍTA

Posada de doña Cayetana

- ✉ Tejedores, 1.
- ☎ 920 360 709.
- 🖥 www.hotelrural cayetana.com
- 🍽 Precio medio: 30 €.

Cocina moderna que respeta las esencias de la tradición. Atención exquisita. Comidas sólo sábados y domingos.

VILLATORO

Torre Mayorazgo

- ✉ Carretera de Vadillo, 28.
- ☎ 920 230 081.
- 🖥 www.torre mayorazgo.es
- 🍽 Menú degustación: 52 €.

En una carta reducida se ofrecen suficientes propuestas como para llevar a cabo una degustación memorable. Cocina de autor honesta y cercana, que se orienta hacia el sabor y los aromas, y se apoya en la calidad del producto local..

▌Alojamientos

ÁVILA

La Casa del Presidente★★★★★

- ✉ De los Telares, 1.
- ☎ 920 236 902.
- 🖥 www.fontecruzhoteles. com
- 🍽 Habitación doble: 160-270 €.

El palacete que el presidente Suárez mandó construir en los años 70 se ha convertido en un hotel de lujo que se esconde en el corazón de la ciudad histórica. Un total de 10 habitaciones amplias, que lucen grandes aseos dotados de bañera a la vista, muestran una exquisita decoración de estilo clásico. Jardín centenario y piscina junto a la muralla.

Hotel Palacio de los Velada★★★★

- ✉ Plaza de la Catedral, 10.
- ☎ 920 255 100.
- 🖥 www.hotelpalaciodelos velada.com
- 🍽 Habitación doble: 60-126 €.

Palacio del siglo XVI situado junto a la catedral y convertido en hotel. De su espléndido patio conserva

una panda de tres pisos. Habitaciones amplias y confortables.

Parador de Ávila★★★★

- 🍽 Marqués de Canales de Chozas, 2.
- ☎ 920 211 340.
- 🖥 www.parador.es
- 🍽 Habitación doble: 75-150 €.

El que fuera palacio de Juan de Henao (s. XVI) y más tarde del marqués de Benavites es, desde la década de 1970, uno de los mejores paradores de la red. Interiores exquisitamente decorados. Equipamiento completo. Patio con árboles y jardín con restos arqueológicos.

Hotel Palacio de Valderrábanos★★★★

- ✉ Pza. de la Catedral, 9.
- ☎ 920 211 023.
- 🖥 www.palaciovalderra banoshotel.com
- 🍽 Habitación doble: 70-100 €.

Próximo a la catedral, ocupa un palacio episcopal del siglo XIV. Decorado con arcones antiguos y objetos de bronce y cobre.

Hotel Sofraga Palacio★★★★

- ✉ López Núñez, 1.
- ☎ 920 254 080.
- 🖥 www.sofragapalacio.com
- 🍽 Habitación doble: 95 €.

Palacio del sigo XVI ejemplarmente restaurado, que combina madera y ladrillo en su interior. Un total de 27 habitaciones que ofrecen vistas al palacio, a su entorno y también a la muralla. Posee restaurante con una carta que combina propuestas tradicionales y vanguardistas.

María Pacheco Hotel Boutique★★★★

- ✉ Tomás Luis de Vitoria, 7.
- ☎ 920 337 805.
- 🖥 www. hotelmariapacheco.es
- 🍽 Habitación doble: 60 €.

La casa señorial del siglo XVI que acogió la antigua sinagoga mayor de la ciudad se ha transformado en un acogedor hotel que abre sus puertas a escasos metros de la catedral. Un total de 17 habitaciones, distribuidas en dos plantas y decoradas con estilo minimalista. Desayuno en un patio interior de columnas renacentistas. Aparcamiento del vehículo si se reserva con antelación.

Hotel Las Leyendas***

- ✉ Francisco Gallego, 3.
- ☎ 920 352 042.
- 🖱 www.lasleyendas.es
- 🛏 Habitación doble: 62-79 €.

Casona del siglo XVI adosada al paseo del Rastro que ha sido rehabilitada conservando las paredes de piedra y ladrillo y las vigas de madera. Dispone de 19 habitaciones que conjugan modernidad con cierto aire rústico.

Hotel Las Cancelas***

- ✉ Cruz Vieja, 6.
- ☎ 920 212 249.
- 🖱 www.lascancelas.com
- 🛏 Habitación doble: 80 €.

Antigua posada del siglo XV situada intramuros, muy cerca de la catedral. Interiores de estilo rústico. Habitaciones con vistas a las murallas.

Hotel Las Murallas**

- ✉ Ctra. Ronda Vieja, s/n.
- ☎ 920 353 165.
- 🖱 www.hotellas murallas.com
- 🛏 Habitación doble: 50-60 €.

Entre las murallas románicas y la basílica de San Vicente se levanta este local que dispone de 16 habitaciones, cada una con una decoración diferente.

ARENAS DE SAN PEDRO

Posada del Infante

- ✉ Ctra. Ramacastañas-Arenas de San Pedro, km 1,8.
- ☎ 920 371 890.
- 🖱 www.posada delinfante.es
- 🛏 Habitación doble: 76 €.

Componen la posada real dos edificios alzados en una finca de 2 ha: la antigua casa de postas (recepción, comedor, cafetería y sala de actividades) y una nueva construcción que alberga 10 habitaciones. La posada cuenta con un restaurante que fusiona la gastronomía típica de la zona con la cocina de autor.

Hotel Rural El Retiro de San Pedro***

- ✉ Camino Malpelo, 83.
- ☎ 664 690 088.
- 🖱 www.retirorural.com
- 🛏 Habitación doble: desde 70 €.

En plena sierra de Gredos se localiza este hotel rural que consta de 7 habitaciones, cada una decorada de una forma diferente. Ideal para los amantes de la naturaleza y los amigos de viajar con mascotas. Ofrece los servicios de un restaurante cuya oferta gastronómica, mezcla de cocina tradicional y moderna, se basa en los productos de la zona.

Posada de la Triste Condesa

- ✉ Juan Torres, 9.
- ☎ 615 151 518.
- 🖱 www.posadamia.com
- 🛏 Habitación doble: 60-65 €.

El establecimiento ofrece un total de 5 habitaciones con techos altos y vigas de madera, muebles de restauración y un equipamiento completo. Patio exterior, salón de estar y desayunos caseros.

Hotel Rural Sabina

- ✉ Camino Piedra Barrenos, 2.
- ☎ 686 955 964.
- 🖱 www.hotelsabina engredos.com
- 🛏 Habitación doble: 119-139 €.

Confort, exquisitez y contacto con la naturaleza brinda este hotel rural que dispone de 7 habitaciones, exquisitamente decoradas y distribuidas en cuatro modelos diferentes alrededor de una piscina de agua salada. Jardines y terraza solárium. Espléndidas vistas a la montaña. Desayuno con productos ecológicos

ARÉVALO

Posada Real los Cinco Linajes****

- ✉ Plaza del Tello, 5.
- ☎ 920 302 570.
- 🖱 www.loscincolinajes.com
- 🛏 Habitación doble: 75-110 €.

Posada real instalada en una casona cuyos cimientos son del siglo XIII. Tiene un patio de columnas donde se sirven los desayunos y 14 habitaciones situadas en la primera y la segunda planta. En la bodega funciona un restaurante donde se puede degustar una cocina tradicional elaborada.

Hotel Fray Juan Gil**

- ✉ Avda. de los Deportes, 2.
- ☎ 920 300 800.
- 🖱 www.hotelfray juangil.com
- 🛏 Habitación doble: 60 €.

Hotel céntrico y moderno. Consta de 30 habitaciones perfectamente equipadas, amplias, luminosas y muy cuidadas, con mobiliario nuevo en madera. Ambiente familiar.

EL BARCO DE ÁVILA

Hotel Izán Puerta de Gredos****

- ✉ Ctra. de los Llanos, s/n.
- ☎ 920 345 171.
- 🖱 www.izanhoteles.es
- 🛏 Habitación doble: desde 60-120 €.

Complejo hotelero formado por cinco edificios del siglo XVIII que integraban un antiguo lavadero de lana y se levantan en una finca de más de 60.000 m². Entorno paradisíaco y dormitorios perfectamente equipados.

Hotel Mirador de Gredos****

- ✉ Ctra. Soria-Plasencia, km 337.
- ☎ 920 500 040.
- 🖥 www.hotelmirador degredos.com
- 🛏 Habitación doble: 65-90 €.

Además de las instalaciones comunes (gran salón con chimenea, bar exclusivo para clientes, sala de masaje, sala multiusos y salas de celebraciones) cuenta con 90 habitaciones confortables y bien equipadas. Decoración moderna.

EL BARRACO

Posada del Agua

- ✉ N 403, km 97. Embalse del Burguillo.
- ☎ 920 281 045.
- 🖥 www.posada delagua.com
- 🛏 Habitación doble: 85-132 €.

Edificio de la década de 1950 que, tras la rehabilitación, mantiene la madera de cerezo, la pizarra natural y la piedra en las paredes. Un total de 12 habitaciones situadas en diversas plantas. Comedor y terraza con vistas al embalse.

BURGOHONDO

El Linar del Zaire***

- ✉ Ctra. Ávila-Casavieja, s/n.
- ☎ 664 095 613.
- 🖥 www.ellinardelzaire.com
- 🛏 Habitación doble: 75-90 €.

Las antiguas escuelas se han convertido en una acogedora posada real. Pare-

des de granito e interiores decorados en diferente tonalidad. En la posada se brinda información sobre turismo activo. Restaurante que ofrece una serie de menús basados en la gastronomía de la zona.

CANDELEDA

Hotel Nabia****

- ✉ Ctra. Santuario de Chilla, s/n.
- ☎ 920 382 307.
- 🖥 www.hotelnabia.es
- 🛏 Habitación doble: 150-315 €.

Hotel rural de lujo situado un poco antes de llegar al santuario de Chilla. Dispone de 12 habitaciones que destacan por sus amplias dimensiones, sus terrazas que brindan espléndidas vistas al valle del Tiétar, su excelente equipamiento y su exquisita decoración. Sobresale entre todas la llamada *suite del valle*, que tiene 72 m². Extraordinarios desayunos.

Posada Albarea

- ✉ Ramón y Cajal, 11.
- ☎ 630 958 155.
- 🖥 www.posada albarea.com
- 🛏 Habitación doble: desde 65 €.

En un edificio construido a comienzos del siglo XX que conserva elementos de su edificación original como madera, hierro y piedra, abre sus puertas desde 2014 esta posada que cuenta con un total de 7 dormitorios. Decoración con múltiples detalles de interés artístico.

Hotel Rural El Mirlo Blanco***

- ✉ Camino del Lomo, s/n.
- ☎ 615 880 572.
- 🖥 www.hotelelmirlo blanco.com
- 🛏 Habitación doble: 100 €.

Pequeño establecimiento familiar ubicado a los pies de la sierra de Gredos y a orillas del embalse Rosarito. Dispone de 13 habitaciones situadas en el edificio principal, que gozan de las comodidades propias de un hotel clásico. Alrededor de dos piscinas de agua salada se ordenan un total de 23 bungalós con diferentes distribuciones y capacidades. Completa la oferta de servicios un restaurante con atractivas presentaciones

CEBREROS

Hotel Tierras de Cebreros****

- ✉ AV-504, km 3.
- ☎ 664 529 637.
- 🖥 www.tierrasde cebreros.com
- 🛏 Habitación doble: 140 €.

Complejo enoturístico con hotel, restaurante y bodega. El hotel, enclavado en el valle del Alberche y rodeado de 40 ha de viñedo, cuenta con 12 habitaciones amplias y funcionales. Se ofrece el desayuno en un espacio presidido por un mural de Vela Zanetti. Destaca la propuesta gastronómica de su restaurante *Deorsum*, que, en un comedor con grandes ventanales asomados al valle del Alberche, ofrece cocina de mercado elaborada con productos de proximidad

Hotel El Castrejón***

- ✉ Los Caños, 10.
- ☎ 91 863 004.
- 🖥 www.elcastrejon.com
- 🛏 Habitación doble: 55-65 €.

Hotel que ocupa un edificio que estuvo dedicado a la destilación de anís. Instalaciones amplias y acogedoras. Habitaciones muy amplias. Buen gusto en la decoración.

HOYOS DEL ESPINO

Hotel El Milano Real**

- ✉ Toleo, s/n.
- ☎ 920 349 108.
- 🖰 www.milanoreal.com
- 🛏 Habitación doble: 70-150 €.

Hotel en plena sierra de Gredos que ofrece habitaciones temáticas, un telescopio de campo, una terraza panorámica y un sugestivo desayuno *gourmet*.

HORCAJO DE LAS TORRES

La Casa de las Manuelas

- ✉ Dr. Martín Yáñez, 1.
- ☎ 627 322 315.
- 🖰 www.lacasadelas manuelas.com
- 🛏 Habitación doble: 70-105 €.

Casa mudéjar de 1796 con una zona común para huéspedes en la planta baja y 5 habitaciones en la alta. El restaurante ofrece comidas y cenas por encargo.

HOYORREDONDO

Hotel Rural la Trocha****

- ✉ La Carrera, 88.
- ☎ 920 209 326 / 600 081 033.
- 🖰 www.latrochade hoyorredondo.com
- 🛏 Habitación doble: desde 80 €.

En una parcela de 5.000 m^2. Un total de 6 habitaciones, decoradas con sensibilidad y mimo, se distribuyen en un atractivo edificio. Zona de estar con chimenea, comedor y sala de masajes y terapias.

NAVACEPEDA DE TORMES

Hotel Rural Molino María Justina

- ✉ Paraje La Puente, s/n.
- ☎ 627 736 975.
- 🖰 www.gredosesmas.com
- 🛏 Habitación doble: 80-130 €.

A orillas del Tormes se alza este hotel rural que aprovecha la fábrica de un antiguo molino harinero. Tras la exquisita rehabilitación, brinda 7 habitaciones dobles decoradas con buen gusto y modernidad. En su salón con chimenea se sirven cenas y comidas previamente encargadas.

NAVARREDONDA

Parador de Gredos***

- ✉ Ctra. Barraco-Béjar, km 42.
- ☎ 920 348 048.
- 🖰 www.parador.es
- 🛏 Habitación doble: 80-130 €.

Inaugurado por el rey Alfonso XIII y construido en 1928, fue el primero de la red. Espléndidas vistas a la sierra de Gredos. Confort garantizado.

LAS NAVAS DEL MARQUÉS

Posada Rural La Flor

- ✉ San Vicente, 4.
- ☎ 605 903 180.
- 🖰 www.rurallaflor.com
- 🛏 Habitación doble: 50 €.

Hotel rural que cuenta con 7 habitaciones decoradas con exquisitez y mimo. Piscina al aire libre y solárium rodeado de zonas verdes. Restaurante de cocina tradicional.

PIEDRAHÍTA

Posada de doña Cayetana

- ✉ Tejedores, 1.
- ☎ 920 360 709.
- 🖰 www.hotelrural cayetana.com
- 🛏 Habitación doble: 60-90 €.

La antigua casa de los Sánchez de Rivera se ha convertido, tras la rehabilitación, en un atractivo establecimiento cuya decoración trata de recrear

los tiempos vividos por la duquesa de Alba. Un total de 6 habitaciones que destacan por su elegante mezcla de clasicismo y modernidad.

PIEDRALAVES

Posada Real Quinta de San José

- ✉ Avda. Castilla y León, 104.
- ☎ 918 665 519 / 680 812 416.
- 🖰 www.posadareal quintasanjose.com
- 🛏 Habitación doble: 60-75 €.

Posada real ubicada en una casa convento construida en 1910. Un total de 16 habitaciones, además de gimnasio, spa, solárium, piscina climatizada y zonas ajardinadas. Restaurante.

VELAYOS

Posada Real Hostería del Mudéjar

- ✉ Martínez Anido, 1.
- ☎ 920 210 435 / 625 600 147.
- 🖰 www.hosteriadel mudejar.com
- 🛏 Habitación doble: 100-130 €.

Edificio del siglo XVIII restaurado de acuerdo con el estilo mudéjar, logrando calidad y buen gusto. Restaurante que elabora platos tradicionales con los productos de la zona.

VILLATORO

Posada Torre del Mayorazgo***

- ✉ Carretera de Vadillo, 28.
- ☎ 920 230 081.
- 🖰 www.torremayorazgo.es
- 🛏 Habitación doble: 150 €.

Posada real abierta en una finca de 7.000 m^2, que aprovecha un castillo del siglo XIV cuidadosamente restaurado. Restaurante en el que se garantiza una degustación memorable.

Información práctica

CALENDARIO DE FIESTAS

▌Enero

San Antonio Abad

Día 17. **San Bartolomé de Pinares.** Fiestas en honor de este santo, protector de ciertos animales. Cuando en la madrugada suenan las campanas anunciando el inicio de la fiesta, los vecinos empiezan a prender las hogueras a la puerta de sus casas. Poco después da comienzo el desfile de caballerías, que saltan por encima del fuego. Se aprovechan las ascuas para asar viandas.

▌Febrero

El Vítor

Días 5-11. **San Esteban del Valle.** Estas fiestas se llaman así porque en ellas se vitorea a san Pedro Bautista, hijo de la villa, que fue martirizado en Japón en el reinado de Felipe II. Una procesión de caballistas recorre por la noche las calles del pueblo hasta llegar a la capilla del santo, que se encuentra en el interior del núcleo urbano.

Nuestra Señora de las Angustias

Día 9. **Arévalo.** Fiesta en honor de la patrona de la villa, a quien la reina Isabel la Católica profesaba gran devoción. La fiesta, de notable arraigo popular, se celebra desde hace varios siglos y consta de procesión, misa y subasta de dulces y ofrendas.

Carnavales

Cebreros. Gran animación y raigambre poseen los carnavales de esta localidad, reputados como los mejores de la provincia. Desfilan carrozas y comparsas, abundan los disfraces, se celebran bailes, se montan atracciones. Y la banda de música ataca con mucha aplicación los compases del *rondón*, danza típica tradicional, parecida a una jota, en la que participan diversas parejas formando un gran corro.

Piedralaves. Lo más típico de estos carnavales es la figura del *Maquilandrón*, que se enmarca en la conmemoración del enfrentamiento bíblico entre David y Goliat y representa al primero. Con música de cántaro, bandurria y laúd se inicia un baile de tres parejas ataviadas con traje regional. Al son de la música luchan los bíblicos personajes. David abate con su honda a los danzantes y también al gigante Goliat, a quien le arrebata su corona. Al final de la representación resucitan los muertos en tan festivas circunstancias.

Navalosa. En el carnaval de Navalosa, que ha conservado su identidad a pesar de las prohibiciones, el personaje característico es el *cucurrumacho*, joven provisto de un aparatoso disfraz con el que se dedica a amedrentar a los demás.

▌ Marzo / abril

Semana Santa

De entre todas las celebraciones religiosas que tienen lugar en la geografía abulense, la Semana Santa de la capital es, sin duda, la más famosa de todas. En ella se conjuga devoción, tradición y escenografía; es decir, los impulsos de religiosidad salen estos días al exterior de las iglesias y pasan a forman parte del paisaje. Túnicas moradas, antorchas encendidas y cánticos del *Miserere* se funden con almenas y espadañas.

Ávila

Jueves Santo. *Procesión de la Madrugada*, que lleva el paso del *Santísimo Cristo de las Batallas*. Sale del convento de Mosén Rubí, a las dos de la madrugada, y prende las tinieblas con centenares de antorchas.
Viernes Santo. *Procesión de los Pasos*. Sale de la catedral a las 21 h y recorre parte de las murallas y de la ciudad antigua. Reúne unos nueve o diez pasos.
Viernes Santo, madrugada. *Vía crucis* penitencial alrededor de la muralla, llevando el paso del *Cristo de los Ajusticiados*. La fuerza de este vía crucis llega a cualquier corazón que forme parte de la comitiva o se asome a contemplarla.

Navaluenga. *Procesión de los romances*. Destaca por los romances de Lope de Vega que dos cuadrillas rivalizan en cantar.

▌ Mayo

San Segundo

Día 2. **Ávila.** Romería típica que atrae a muchos abulenses hasta la ermita del santo.

Nuestra Señora de las Vacas

Segundo domingo. **Ávila.** Tiene lugar la tradicional romería alrededor de la ermita. Se subastan bajo el pórtico los regalos que se le hacen a la Virgen.

Fiestas patronales

Días 6-8. **El Barco de Ávila.** Espectáculos taurinos, fuegos de artificio, bailes populares.

▌ Junio

Ronda de las leyendas

Primer fin de semana. **Ávila.** Se representan en las calles las principales leyendas relacionadas con la ciudad.

Ávila

Centro de Recepción de Visitantes
- ✉ Avda. de Madrid, 39.
- ☎ 902 102 121.
- 🖥 www.avilaturismo.com

Patronato Provincial de Turismo
- ✉ Canteros, s/n.
- ☎ 920 206 222.
- 🖥 www.turismoavila.com

Oficina de Turismo de la Junta de Castilla y León
- ✉ Casa de las Carnicerías. San Segundo, 17.
- ☎ 920 211 387.
- 🖥 www.turismocastillayleon.com

La Adrada

Oficina de Turismo
- ✉ Castillo.
- ☎ 918 67 00 11 (Ayuntamiento), 690 87 31 36 (castillo).
- 🖥 www.laadrada.es

Arenas de San Pedro

Oficina de Turismo
- ✉ Triste Condesa, 1. Mercado de Abastos.
- ☎ 920 370 245.
- 🖥 www.turismoarenas.es

San Antonio de Padua. Día 13. **San Bartolomé de Pinares.** Lo más original de este festejo lo constituye el hecho de que se subasten animales en honor del santo. **Cristo de la Luz.** Diez días después de la Ascensión y diez días antes del Hábeas. **Lanzahíta.** Romería con caballos y carruajes engalanados para la ocasión. Galope tendido de los caballos en los últimos metros. **Piedrahíta goyesca.** Finales de junio. **Piedrahíta.** La villa se viste con atuendos del siglo XVIII y llena sus calles de petimetres y majas.

Julio

El Vítor. Días 7-8. **San Esteban del Valle.** Se repite la fiesta de El Vítor.
San Victorino. Primer Domingo. **Arévalo.** Ferias y fiestas en honor de este santo. Encierro típico y de renombre, nunca interrumpido a pesar de las prohibiciones. Está documentado que desde la Edad Media había festejos taurinos en Arévalo.

Agosto

Virgen de Valsordo. Días 14-16. **Cebreros.** Fiesta en honor de la Virgen de Valsordo. Encierro típico de reses y espectáculos taurinos.
Fiestas patronales. Día 15. **Piedralaves.** Fiestas patronales en honor de la Virgen, san Roque, san Roquito y el perrito. Como se ve, también figura el perrito como titular de los festejos. No es otro sino el que reconfortó a san Roque lamiendo sus heridas.
Fiesta del Higo. Día 15. **Poyales del Hoyo.** Se degustan recetas elaboradas con este producto y se rememoran juegos del pasado.
Santa Teresa. Día 27. **Becedas.** Tiene lugar una procesión de gentes agrupadas alrededor de una imagen de la Santa. Trajes típicos. Se «canta el ramo», es decir, se cantan ciertas estrofas a un ramo que, hace años, se formaba con pino y abeto y ahora con carrasca. Mientras un grupo de chicas cantan, dos chicos mueven el ramo ante la presencia de la imagen teresiana.

Septiembre

Fiestas del Cristo. Días 4-6. **El Barco de Ávila.** Espectáculos pirotécnicos y taurinos.
Jornadas medievales. Primer fin de semana. **Ávila.** Se llenan las calles de la capital de mercaderes, artesanos, músicos y personajes ataviados con atuendos medievales.
Nuestra Señora de Chilla. Segundo domingo. **Candeleda.** Fiestas declaradas de interés turístico nacional. Los festejos comienzan con las labores de limpieza de la ermita y culminan con la subida al

santuario. Tras la subasta de banzos tiene lugar una vistosa romería. Abundan las flores y las galas. Trajes típicos. Túnicas y peinetas blancas. Una misa solemne sirve de colofón a los actos religiosos. Los profanos, que vienen a continuación, giran alrededor del toro (encierros y novilladas) y de la música popular.

Nuestra Señora de la Vega. Segundo domingo. **Piedrahíta.** Abre la fiesta la comparsa de gigantes y cabezudos, que recorre las calles en el mediodía del sábado. Al atardecer se trae la Virgen a la villa. Tras recorrer en su carroza el itinerario procesional, entra en la iglesia. Los actos religiosos se acompañan de novilladas y bailes populares. El último domingo de octubre se baja a la Virgen a su ermita.

Jornadas de puertas abiertas
Último fin de semana. **Ávila.** La ciudad abre sus puertas para mostrar gratuitamente toda su riqueza artística y monumental.

ǀ Octubre

Fiestas de la Santa. Días 8-15. **Ávila.** Todos los ingredientes de las fiestas populares se dan cita en estos festejos celebrados en honor de Santa Teresa de Jesús: procesiones, desfiles de gigantes y cabezudos, verbenas, espectáculos taurinos, fuegos artificiales.

Virgen de Sonsoles. Segundo domingo. **Ávila.** Romería en honor de la patrona del valle de Amblés. En homenaje a la Virgen se organizan dos romerías: la Ofrenda Chica y la Ofrenda Grande, siendo la segunda la más importante. La Ofrenda Grande es convocada por las cofradías del valle de Amblés y la Sierrecilla y consiste en una romería alrededor de la ermita a la que acuden gentes de Ávila y de los pueblos cercanos. En esta romería tiene lugar el hecho típico de «jugar la bandera», ejercicio que consiste en bailar delante de la imagen de la Virgen enrollando y desenrollando, con habilidad y destreza, una bandera alrededor del cuerpo.

San Pedro de Alcántara. Día 19. **Arenas de San Pedro.** Fiestas en honor de este santo. Se celebra una romería que llega hasta el convento fundado por el santo. Hace años, tenía fama por el gran número de participantes, la vistosidad, colorido y tipismo de sus trajes, la asistencia de caballos artísticamente enjaezados. Había música de gaita y tamboril. Hoy los festejos se inclinan más hacia lo profano (espectáculos taurinos y bailes populares)

ǀ Noviembre

San Martín. Día 11. **Salobral.** Fiesta de este santo. Verbena popular con presencia de música de dulzaina y tamboril.

ǀ Arévalo

Oficina de Turismo
✉ Arco del Alcocer, s/n.
☎ 920 301 380.
🖰 www.ayuntamiento arevalo.es

ǀ El Barco de Ávila

Oficina de Turismo
✉ Pza. de la Constitución, 7.
☎ 920 340 100/013.
🖰 www.aytobarco deavila.net

ǀ Candeleda

Oficina de Turismo
✉ Corredera, 8. Museo Etnográfico.
☎ 920 380 795.
🖰 www.ayuntamiento candeleda.es

ǀ Madrigal de las Altas Torres

Oficina de Turismo
✉ Pza. del Cristo, s/n.
☎ 920 320 001.
🖰 www.madrigalde lasaltastorres.es

ǀ Piedrahíta

Oficina de Turismo
✉ Pza. de España, s/n.
☎ 920 360 001.
🖰 www.ayto piedrahita.com

ǀ Piedralaves

Oficina de Turismo
✉ Plaza de la Constitución, 8.
☎ 918 665 002.
🖰 www.piedralaves. es

Índice de lugares

ÁVILA (ciudad)

ÁVILA (provincia)